Wir wünschen den Lesern

viel Spaß und gute Unterhaltung

beim Lesen!

Der Wyker Klingelmann, Knudt Kloborg

und

Hanne & Ray Eighteen

*

Wyk auf Föhr

Vertellen is dat Opbewohrn von Leven.

Vertellen is gegen dat Vergeten.

*

Ik mok gern, wenn ik kling'l,

dat de Lüüd tohören.

© D18-Foto.com

Erzählen ist das Aufbewahren von Leben.

Erzählen ist gegen das Vergessen.

*

Ich hab' es gern, wenn ich klingle,
dass die Leute mir zuhören!

Vorwort:

Knudt Kloborg, der Wyker Klingelmann, wurde am 9. Januar 1949 auf Föhr geboren. Auch er ist, wie alle Wyker Kinder, als kleiner Steppke dem Klingelmann nachgelaufen und hat sich gewünscht, auch nur ein einziges Mal die Glocke schwingen zu dürfen. Hell war der Klang und Knudt träumte, wie jeder kleine Wyker Junge, wenn er einmal groß genug ist, zur See zu fahren und später dann Klingelmann zu werden.

30 Jahre nach dem letzten Klingelmann hörte Knudt den Klang seiner Klingel, irgendwie ganz überraschend und doch von ihm selbst ausgelöst. Er hatte 2008 auf dem jährlichen Fest der Flensburger Rumregatta an einem Verkaufsstand längs des Flensburger Hafenkais eine Klingel ausprobiert. Das Klingeln seiner frühen Kindheit klang plötzlich so vertraut in ihm.

Die Position des Klingelmanns hat Tradition

Die Tätigkeit des „Wyker Klingelmanns" auf Föhr, hier draußen bei uns im nordfriesischen Wattenmeer, hat Tradition.

Diese Aufgabe hat sich Knudt Kloborg 2009 zu eigen gemacht und folgte damals nach 30 Jahren Pause seinen Vorgängern, dem Polizeidiener Peter Riekenberg, dem Schuldiener Marius Jörgensen, dem Fischer Jens Jensen, genannt Jens Moos, und schließlich Carl Carstens. Nach dem Tod von Carl Carstens wurde die Folge der Klingelmänner von 1979 für 30 Jahre unterbrochen.

Der erste bekannte Klingelmann Peter Riekenberg lebte von 1827-1904. Er war Ortspolizist und wohnte gleich neben dem Gefängnis im Haus von Hugo Hinrichsen, das sich in der kleinen Gasse befand, die von der Mittelstraße bis zur Süderstraße führt.

Als Polizist sorgte Peter Riekenberg für Ordnung in der Stadt. Zur Jahrmarktzeit hatte der Ordnungshüter besonders viel zu tun und wäre gern den übermütigen, vor ihm flüchtenden Jungs hinterher gelaufen. Doch in seinen letzten Amtsjahren ließen seine steifen Glieder es nicht mehr zu. Mit einem wütenden „Ihr verdammten Jungs!", schlug er sie jedoch in die Flucht.

Schmunzelnd erzählt man sich noch heute, dass er dem auf der Insel verweilenden dänischen Kronprinzen auf die Frage, ob es am Hafen Schollen zu kaufen gäbe, geantwortet habe: "Nee, aber Wittkohl!".

Ihm folgte der Bäckergeselle Marius Jörgensen, der aus Dänemark auf die Insel gekommen war. Auch er war sehr beliebt auf der Insel, doch die Wyker mussten oft Nachsicht walten lassen, wenn er zum Beispiel sein zusätzliches Amt des Glöckners vom Wyker Glockenturms vernachlässigte.

Er trank gern mal einen über den Durst und so kam es, dass er einen Heuwagen mit dem des Leichenwagens verwechselte und diesen mit dem Trauerglockenschlag ankündigte und die Große Straße hinunter mit dem Glockenturmgeläut begleitete.

Ja, da schmunzelte so mancher Wyker Bürger. Seiner Beliebtheit tat das jedoch keinen Abbruch. Er klingelte und verkündigte die Wyker Nachrichten unermüdlich bis ins „Hohe Alter". Er starb 1959 im Alter von 86 Jahren.

Onkel Klingelmann

Der nächste Klingelmann wurde Jens „Moos" Jensen aus Pellworm.

Knudt´s großes Vorbild war Jens Jensen, dem die ganze Insel humorvoll den Spitznamen Jens Moos gegeben hatte.

Jens Moos wurde von allen geschätzt und doch besonders von den Kindern der Insel geliebt. Sie liefen ihm schon seit den Tagen vor Ostern hinterher und warteten auf die neuesten Nachrichten. Vielleicht wusste er ja auch, wo man die frischesten Eier günstig kaufen oder gegen etwas anderes eintauschen konnte. Sie wurden in den Föhrer Küchen von den Kindern ausgeblasen und bemalt. Anschließend wurden sie dann in den Bauerngärten und Knicks an die Sträucher gehängt.

Kam dann der Sommer, so fragten sie ihn barfüßig, braungebrannt mit flachsblonden Haaren und neugierigen, himmelblauen Friesenaugen, wo es das beste Eis gab.

Im Herbst schenkten die Föhrer Knirpse ihm rotbackige Äpfel oder einen Korb voll Mirabellen, die dann seine geliebte Frau Jenny gemeinsamen mit den Töchtern Christine und Anni zu Grütze und Marmelade verarbeiteten.

Im Winter hielten sie wieder nach dem Klingelmann Ausschau. Diesmal stapfte er in großen, warmen Stiefeln als Weihnachtsmann durch die Straßen der kleine Stadt und nahm die Wunschzettel seiner Kinder, später Enkel und Urenkel und der Föhrer Deerns und Jungs in Empfang und teilte knusprige Weihnachtsplätzchen aus.

Jens Moos hatte seine erste Frau kurz nach der Geburt seines Sohnes verloren. Den gemeinsamen Sohn verlor er durch eine Lungenentzündung. Doch er fand dennoch eine neue große Liebe in seiner zweiten Ehe, die 62 glückliche Jahre dauerte.

Jens war, bevor er sich von der Fischerei verabschiedete, Besitzer der Fischkutter „M/S Schwalbe" und „M/S Columbus". Mit letzterem Kutter brachte er als Beifang viel Seemoos mit in den Wyker Hafen. Deshalb bekam es seinen Spitznamen „Jens Moos".

Bevor er jedoch Klingelmann wurde, kreuzte er mit seinem über alle Zeiten bekanntem Segler „Walfisch" zum Vergnügen der Föhrer Badegästen vor der Küste , den Halligen und Inseln. Im Frühjahr und im Herbst fischte er mit ihnen „Porren".
Er war viele Jahre Hauptmann der Zwangsfeuerwehr und hat so manchen Brand auf der Insel gelöscht. Jens war Fahnenträger der Marine und bekam als Mitglied zur Anerkennung ein Ehrendiplom.

Jens Jensen lebte von 1856 bis 1944 und war der „bis dato" berühmteste Wyker Klingelmann.

Jens „Moos" mit seiner Frau Jenny

Jens Moos als Klingelmann

Sein Nachfolger Carl Carstens wurde 98 Jahre alt und lebte von 1881-1979. Er wohnte in der Museumsstraße. Auch er bleibt für die Wyker unvergessen. Er war sehr anerkannt, hochgeachtet und für seine Tätigkeit als Klingelmann geschätzt. Gern hörte man dem alten Mann zu, wenn er die Neuigkeiten ausrief, Veranstaltungen und Ausflüge mit dem Schiff ankündigte. Wenn er dann „Frische Schollen im Hafen", ankündigte, machten sich Wyker und Feriengäste auf den Weg zum Kai.

Die Fischer schwärmten von ihm und so mancher pfiff in Gedenken noch nach seinem Tod das irische Volkslied von Molly Malone:

„As she wheeld her wheel-barrow,

though streets broad and narrow,

crying "cockles and mussels,

alive, alive, oh!"

Ja, sein Geist zog noch viele weitere Jahre,

sein altes rostiges Fahrrad schiebend,

durch die Straßen und Gassen von Wyk,

hinunter zum Hafen und rief aus:
„Muscheln, Krabben, Schollen, frisch vom Kutter!"

Carl Carstens, bi de Pump:

Der Klingelmann Carl Carlsen mit seinem Fahrrad am Sandwall

1984, fünf Jahre nach dem Tod des legendären Klingelmanns Carl Carstens, gab es noch einmal einen Klingelmann, der versuchte die alte Tradition aufrechtzuerhalten. Er kam nicht von der Insel und bekam leider nicht genügend Zuspruch. So geriet er wieder in Vergessenheit. Leider verschwand mit ihm die alte schweren Glocke, die seine Vorgänger Jahrzehnte lang durch die Straßen von Wyk geschwenkt hatten und die alle Föhrer und Kurgäste erwartungsvoll aufhorchen ließen.

Er war für die nächsten 30 Jahre der letzte Klingelmann. Es fand sich niemand, der diese Aufgabe übernehmen wollte.

2009 nahm der Insulaner Knudt Kloborg, seines Zeichens Seemann und Koch vieler Schiffsmannschaften die alte Tradition des Klingelmanns unaufgefordert und doch abgesichert durch das Ordnungsamt Wyk mit der freundlichen Zustimmung der meisten Wyker Kaufleute, seine Arbeit auf. Nur einzelne Geschäftsleute waren anfangs zögerlich.

Knudt war nicht aufdringlich. Um seine Kritiker zog er eine Bannmeile und hob sie erst auf, als auch diese von seiner Tätigkeit überzeugt waren.

Seine Ankündigungen von Öffnungszeiten, Veranstaltungen, Schiffsausflügen, Wattführungen, Angeboten und Sonderposten, waren den Geschäften zuträglich.

Die Wyker Geschäftsleute, Veranstalter, die Kurverwaltung, die Insulaner allgemein, Stadtbewohner und die Gäste der Insel freuten sich über seine Ankündigungen.

Der neue Klingelmann war und ist immer rechtzeitig mit seinem Klingeln und seinen Ankündigungen zur Stelle und vergass auch keinen runden Geburtstag, keine Geburt oder Taufe. Er kündigte Konfirmationen, Kommunionen, Hochzeiten und Beerdigungen an.

Seine Aufträge nimmt er über dem Briefkasten an seiner Haustür in der Mittelstraße an, der neben dem Haustürschild hängt. Man kann das Haus des Klingelmannes nicht verfehlen!

Das hübsche Haustürschild hat ihm der Föhrer Holzschnitzer Günther Berkemeier geschnitzt. Knudt ist darauf zum Verwechseln ähnlich. Günther war Hausmeister der Rüm-Hart-Schule und ein wahrer Holzschnitz-Künstler. Wenn man aufmerksam durch Wyk geht, dann entdeckt man überall seine kleinen Werke an der Wyker Grundschule, an Haustüren, Briefkästen oder als Hinweis- und Straßenschilder. Knudt hat ihn gebeten noch die Namen seiner Enkelkinder nachträglich auf sein Türschild zu schnitzen.

Ein wunderhübsches Kleinod!

Oft bekommt Knudt seine Aufträge zum Klingeln direkt vom Auftraggeber. So mancher Geschäftsmann hält Ausschau nach Knudt mit seinem blauen Fahrrad und ruft ihm zu:

„Kiek mol in, Klingelmann! Ick hev wat for di!"

Das Türschild

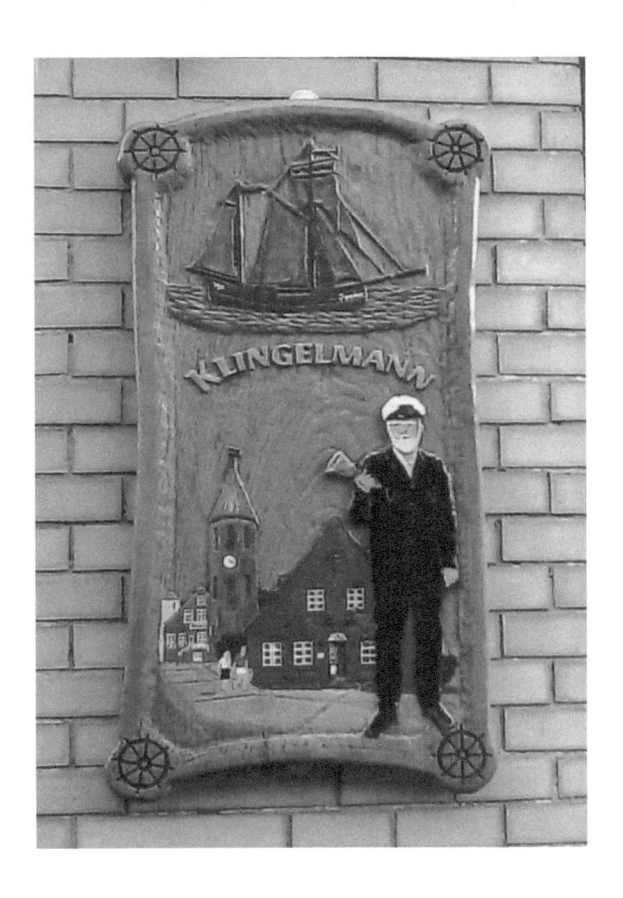

Knudt Kloborg, der Klingelmann, bi de Pump

Bekannt in aller Welt

Auch unser neuzeitlicher Klingelmann Knudt Kloborg ist schon weit über die Insel Föhr bekannt. Er zeigt uns seine umfangreiche Postkartensammlung aus aller Welt. Unter den Postkarten befindet sich eine Ansichtskarte von Ray aus dem winterlichen Polarmeer, die er nur mit dem „Klingelmann - Wyk auf Föhr / Deutschland und der Postleitzahl adressiert hat.

„So was hat die Welt noch nicht gesehen!", rief ihm auf dem Sandwall ein Franzose zu.

Kann die Welt jetzt aber im sozialen Netzwerk, z. B. bei „facebook". Knudt Kloborg ist im Internet unterwegs. Begeisterte Touristen haben Fotos mit positiven Kommentaren versehen oder kleine Videos ins Netz gestellt.

Daumen hoch! Gefällt mir!

Im Café

Wrix**um**: -**um** wie –heim, wie zu Hause, wie Heimat

Heute treffen wir uns mit dem Klingelmann Knudt Kloborg in dem gemütlichem Café „Alt Wrixumer Hof". Das urgemütliche Café mit den hausgemachten Köstlichkeiten, befindet sich an der langen Hauptstraße, die von Wyk gen Westen führt aus Boldixum über Wrixum und weiter zu den anderen hübschen Friesendörfern, die alle ein „-um" als Endsilbe im Namen haben: Alkers**um**, Nieb**lum**, Uters**um,** Duns**um** .....

„-um" bedeutet –heim und heimelig.

Wrix**um** ist ein im Mittelalter an der Marsch gegründetes Langdorf. Von Wyk kommend an der rechten Seite liegt Alt-Wrixum mit seinen schönen alten mit reetgedeckten Bauern-, Wohnhäusern und Gärten. Links, am Geestrand befinden sich die Neubauten der Gemeinde. Das Dorf ist umgeben von Marschwiesen, Pferdekoppeln, Weiden, Feldern und einem kleinen Wäldchen. Am Abend geht dort im Westen die Sonne unter. Ein wunderschönes Naturschauspiel.

Das Wahrzeichen und der Mittelpunkt des Dorfes ist der alte Erdholländer. Es ist eine Windmühle, gebaut 1850 /51 nach holländischem Vorbild. Die Mühle steht auf historischem Grund.

Seit dem 15. Jahrhundert wurde hier Korn gemahlen.

Als wir das Café betreten, strömt uns nicht nur der köstliche Duft von aromatischem Kaffee und süßem Gebäck ent-gegen, sondern die Gäste schauen von allen Tischen auf.

„Schau mal, da kommt der Klingelmann!", flüstert ein kleines Mädchen am Nebentisch. Zwei ältere weißhaarige Damen nicken freundlich herüber, schenken unserem Klingelmann ein hinreißendes Lächeln und stecken dann die Köpfe zusammen.

„Der Klingelmann!", ruft ein kleiner blonder sechsjähriger Lausebub erstaunt und fuchtelt mit seiner Kuchengabel in der Luft herum. Bevor er wieder in sein Kuchenstückchen piekst, lehnt er sich zu seinem Papa hinüber und flüstert: „Er hat vergessen seine Klingeluniform anzuziehen." Der Kleine hat ganz rote Wangen vor Aufregung bekommen. Der Klingelmann zwinkert ihm heimlich zu und der Papa stopft seinem kleinen Sohn ein Kuchenstückchen in den Mund.

Wir setzen uns an einen der hübsch eingedeckten Tische, bestellen Kaffee und Torte. Später gibt es noch einen Manhattan, das Nationalgetränk der Insel. Bei einem langen, humorvollen Gespräch lernen wir uns näher kennen. Es ist für uns alle drei sehr interessant. Dabei entsteht eine Vertrautheit und eine herzliche Stimmung, die wir so nicht erwartet haben. Wir vergessen dabei die Zeit. Das heißt, wir kennen Knudt schon ein paar Jahre. Immer, wenn wir ihn in Wyk begegnen, schiebt er sein Rad neben sich her, gefüllt mit Prospekten und vielen kleinen Überraschungen für die Kinder, freundlich nach rechts und links grüßend schwingt Knudt seine Glocke. Er trägt seine akkurate Lotsenuniform und eine Kapitänsmütze.

„Bist du denn Kapitän gewesen und wie hieß dein Schiff?", möchte Ray wissen. „Unter welcher Flagge bist du unterwegs gewesen und für welche Reederei hast du gearbeitet?"

Von der Seefahrt kann Knudt viel erzählen, denn er ist viele Jahre zur See gefahren. Er lässt uns über so manchen Döntjes lachen. Aber er ist kein Hochstapler! Er war niemals Kapitän, sondern ein patenter und beliebter Smutje. Sein maritimes Zuhause waren die Kombüsen großer und kleiner Frachter und Kümos auf den sieben Weltmeeren und den W.D.R.- Fähren im nordfriesischem Wattenmeer.

Vier goldene Streifen auf seiner Lotsenjacke würden ihn als Kapitän zur See ausweisen. Deshalb hat er zwei goldene Streifen an seiner Lotsenjacke entfernt. Der zweite und dritte goldene Streifen wurde ergänzt durch einen roten und blauen Streifen und steht für die Friesenflagge. Der vierte verbliebene goldene Streifen steht für seinen Sportbootführerschein.

Das erklärt er gern mit einem Schmunzeln im Gesicht und einem Augenzwinkern. Doch der schmucke Klingelmann mit seinem sehr gepflegten, weißen Vollbart ist dennoch

„Der Käptn unserer Herzen".

Der Klingelmann Knudt Kloborg mit seinem Fahrrad.

Aber wieder zurück in den „Alt Wrixumer Hof" und unserem gemütlichen Zusammensitzen.

Da sitzt er nun vor uns, der Klingelmann, so ganz ohne Uniform und erzählt uns als erstes liebevoll von seinen Enkelkindern. Er ist gern Opa und nimmt seine Großvateraufgaben mit Begeisterung wahr.

Knudt „vertellt" aus seinem Leben, von der Schifffahrt und den Erlebnissen als Klingelmann.

Er zeigt uns Fotos von Schiffen, auf denen er als Schiffskoch angeheuert hatte, erzählt von seinem Vorbild Jens Moos und zeigt uns Postkarten aus aller Welt mit Grüßen.

Auf einigen Postkarten oder Umschlägen steht die Anschrift: „Klingelmann, Wyk auf Föhr".

„Schaut mal, hier!", sagt Knudt und weist auf ein Foto. Hier habe ich 2013 den 4.Platz bei der „Deutschen Meisterschaft der Ausrufer" gemacht. Die Gilde wurde 2010 in Neustadtgörden in Ostfriesland gegründet."

„Gibt es denn noch mehr deiner Art?", fragt Ray lachend.

Das hört sich doch sehr nach Exotik an! Das ist es ja auch. Knudt übt da schon ein ganz außergewöhnliches Amt aus. Wie man hier auf der Insel Föhr wohl sagen würde „sehr speziell".

„Es gibt sogar eine „Deutsche Ausrufer Gilde", die ihren Sitz in Ostfriesland in Neustadtgödens hat.", entgegnet Knudt ernsthaft.

„Die Gilde ist ein Zusammenschluss der unterschiedlichsten Ausrufer, einem sehr alten Beruf mit Tradition. Es gibt in Deutschland wieder ein ganzes Dutzend von ihnen.

„Wenn unsereins durch die Straßen klingelt, um die jüngsten Neuigkeiten zu verkünden, regional oder aus dem aktuellen Zeitgeschehen, dann sieht so mancher Zeitungsleser auf, andere schalten für eine Weile den Fernseher oder den Computer aus. Sie legen sogar das Handy zur Seite und lauschen."

Hanne überlegt: „Wann haben wir zuletzt das Handy zu Hause gelassen oder waren einfach mal „offline"?"

„Klar", entgegnet Ray dem kritischem Klingelmann. „Die Medien unserer Zeit öffnen uns Tür und Tor, lassen uns über den Tellerrand gucken und machen uns zu verantwortlichen, mitdenkenden, kritischen Bürgern. Ohne die Presse zum Beispiel, wären wir doch unwissend und würden im eigenen Saft schmoren. Soziale Netze entstehen durch eine umfangreiche, weltweite, wahrheitsgetreue Berichterstattung. Nur so sind Demokratie, Menschenrechte und das soziale Gefüge überschaubar, kontrollierbar und beeinflussbar!"

Knudt reflektiert die Gedanken von Ray.

„Hm", sagt Knudt mit Denkfalten auf der Stirn und macht wieder eine kleine Pause. „Wir Klingelmänner sind ja auch Journalisten - irgendwie. Wir sind die Nachrichtenvermittler aus vordigitaleren, längst vergangenen Zeiten. Ein Delikt! Gerade deshalb sind wir präsent und besonders im Urlaub durch unsere gelebte Beschaulichkeit aktueller und beliebter denn je."

Wieder humorvoller und in behaglicher Stimmung, lehnt er sich zurück und schmunzelt: „Ehrlich gesagt, wir sind eine Touristenattraktion mit einem Hauch von Nostalgie. Das passt doch gut in unsere moderne Zeit. Hm, zumindest in die Urlaubszeit!"

„Es gibt wie gesagt," fährt Knudt fort, „ungefähr ein Dutzend, die aktiv klingeln und ausrufen. In den verschiedenen Regionen Deutschlands haben sie eine andere Bezeichnung oder geben sich selbst einen traditionellen Namen.

Alle drei Jahre treffen sich Ausrufer, Ausscheller, Herolde, Stadtschrey(i)er, Glockenmänner und Klingelmänner in Neustadt.

Bei diesen Treffen gibt es auch Schulungen und Hinweise, wie man seine Aufgabe traditionell, informativ und ansprechend, gut hörbar, aber auch bescheiden und nicht aufdringlich ausüben kann. Es gibt Wettbewerbe mit einer Jury, die dies nach den vorgegebenen Kriterien der Darbietung beurteilt.

Dazu bekommt jeder von uns einen vorgegebenen Text, den er als „Ausrufer" vortragen muss. Ausdruck und Erscheinung werden bewertet. Es kommt also auf die ganzheitliche Darbietung an.

Ein spannend formulierter Vortrag mit guter Gestik, Mimik und Körperhaltung am richtig ausgesuchten Ort, für das Publikum gut erreichbar, in Hör- und Sichtweise aller Zuschauer, in tadelloser Kleidung, auf individuell persönlicher Art ist ausschlaggebend.

Wir Klingel-, Glocken- und Schellenmänner müssen gegeneinander antreten und doch hören wir uns gut zu. Wir profitieren von den Darbietungen der anderen, lernen von ihren Fehlern und nutzen die langjährigen Erfahrungen."

„Geht es in eurer Gilde immer so ernst zu?", möchte Ray noch wissen.

„ Ach wo! Es herrscht ein reger Austausch. Wir lachen und scherzen miteinander. Gute Stimmung und Humor sind vorrangig. Wir freuen uns über jeden Lacher und jedes anerkennende Kopfnicken eines Zuhörers. Es gibt viele Anekdoten zu erzählen."

„Damals im Jahre 2013 in Neustadtgödens", ergänzt Knudt jedoch nachdrücklich, „kam ich, wie gesagt, auf den 4. Platz. Daran erinnere ich mich sehr gern und habe alle Anspannung und den Stress eines solchen Wettbewerbs vergessen. Der erste Klingelmann kam aus Jever, der zweite aus Leipzig, der dritte aus Minden an der Weser. Wir waren zehn Kollegen."

2015 haben wir uns in Cuxhaven getroffen und 2017 werden wir uns in der Lüneburger Heide in Ebstorf im Kloster anlässlich der 1200 Jahrfeier der Heideabtei treffen. Das wird im August sein.

Vielleicht wird es in den nächsten Jahren auch einmal ein Treffen der Ausrufergilde auf Föhr geben. Darüber würde ich mich sehr freuen.

Seelenverwandtschaft

Bei einem weitern Treffen, diesmal an Knudt´s Esstisch, der über und über von Familienfotos belegt ist, möchten wir mehr von seiner Kindheit erfahren. Knudt ist ein echter Friese.

Diesmal stellt Hanne die Fragen.

„Knudt", bittet Hanne, „Erzähle uns aus deinem Leben!" Knudt wischt mit der Handfläche über die Fotos. Wo soll er anfangen? Er bleibt bei einem Foto hängen, auf dem sein Großvater zu sehen ist.

„Das hier ist mein Opa Knudt.", lächelt er und ist wohl in Gedanken gleich bei ihm. Knudt berichtet uns von seinem Opa, dem Schuster und dem kleinen gemütlichem Haus in der Mittelstraße. Schnell lernen wir Großvater Kloborg virtuell kennen, während wir gemeinsam im Familienalbum stöbern. Immer wieder betrachten wir lange die altmodischen Schwarz-weiß-Fotos mit einem Hauch von Braunstich.

Opa und Enkel Knudt haben Ähnlichkeit miteinander, die gleichen freundlichen, dem Leben zugewandten Augen. Sicher im wunderschönen friesischen Blau!

Von den Fotos der beiden Männer geht eine Seelenverwandtschaft aus. Der alte Schuster und der begabte Koch haben eine gemeinsame Leidenschaft: Das Meer!

Knudt

Knudt Kloborg kam zur Welt im Januar 1949 in Wyk auf Föhr im Haus von Jonny und Dora Jürgensen in der Hafenstraße. Sein Vater hieß Andreas Kloborg und seine Mutter Anneliese, geb. Martens. Seine Mutter stammte aus dem sogenannten Margarinehaus in Wyk auf Föhr, Boldixumer Straße 26.

Oma Bertha, eine geborene Nommensen, stammte von der Hallig Oland.

Großvater Knudt Kloborg, von Föhr, nahm Marie, geb. Schnoor vom Festland aus Dagebüll-Kirche zur Frau.

Aufgewachsen ist Knudt im Hause der Familie Frerksen in der Süderstraße 3. Er war viel bei seinen Großeltern in der Mittelstraße 15. Opa Knudt war für Wyk und die Halligwelt ein unentbehrlicher Schuster und brachte so manchen reparierten Schuh zurück ans Festland und als Puppendoktor wurde er von Groß und Klein geliebt.

Knudts Oma, genannt Marie, hieß eigentlich Maria. Manchmal war sie sehr streng. Ihr Wort war immer verbindlich.

Knudts Vater wäre sehr gern zur See gefahren, doch seine Großmutter hatte schon für ihn einen anderen Lebensweg vorgesehen. Er sollte Schuster wie sein Vater werden und den Familienbetrieb weiterführen.

Der zweite Weltkrieg begann und sein Vater Andreas wurde eingezogen. Bei Stalingrad wurde er schwer verwundet. Ein Armdurchschuss verhinderte, dass er das Schusterhandwerk weiter ausüben konnte.

Er bekam eine Beschäftigung bei der Kurverwaltung in der Strandkorbvermietung. Später arbeitete er für viele Jahre im Hafenamt als Schreibkraft. So fühlte er sich irgendwie mit der Seefahrt verbunden und hatte immer einen Blick auf den Wyker Hafen.

Seine Mutter Anneliese besorgte den Haushalt.

Knudt besuchte oft mit seinem Opa. Zusammen verbrachten sie etliche Stunden in seiner Schusterwerkstatt. Opa Knudt achtete darauf, dass seine Enkelkinder keine schiefen Absätze hatten. War die Kleidung der Kinder einfach, spärlich und abgetragen, so waren doch die Schuhe immer perfekt besohlt.

Von 1955 bis 1964 besuchte Knudt die Schule in der Süderstraße.

Gleich neben der Schusterwerkstatt in der Mittelstraße befand sich das Kaufhaus Martens. Sein Großvater schaute dort nach dem Rechten. Knudt war gern an seiner Seite und half, wo er konnte.

„ Ich wollte so gern zur See fahren"

„Angefangen hat es mit der Seefahrt, als ich 10 Jahre alt war. Mein Großvater lebte damals in meinem jetzigen Wohnhaus und hatte dort seine Schusterwerkstatt, die so herrlich nach altem Leder, Fußschweiß und Schuhcreme roch. Auf den Regalen saßen im Zwielicht einarmige Puppen, Puppen mit lichtem Haar und ohne Augen, dunkle Löcher hinter Klapperlidern, die auf den Puppendoktor warteten.

Ich hatte die Aufgabe meinen Großvater zu seinem Segelboot, das auf Reede lag, rüber zu rudern. Opa zeigte mir auch, wie man sich nur mit einem Ruder vorwärtsbewegen konnte. Man nannte es wriggen. Rudern oder auch das Wriggen machte mir einen riesigen Spaß. Wir Föhrer Jungs waren am liebsten den ganzen Tag an der frischen Luft und auf dem Wasser. Unsere Eltern wussten oft nicht, wo wir waren.

Noch heute kann man die Föhrer Jungs in ihren Optimisten, den kleinen wendigen Segelbooten, im Hafenbecken kreuzen sehen. Meist ist ein Segellehrer dabei und die Eltern stehen aufgeregt am Hafenbecken und warten mit einem Picknick und einem trocknen, warmen Pullover auf die „lütten" Segler.

Wir hatten auch um Erlaubnis zu fragen, aber darum scherten wir uns meistens nicht. Manchmal trauten wir uns auch allein aus dem Hafenbecken heraus und wurden mit der Zeit immer sicherer. Mein Boot hieß „Bütt". Das ist Plattdeutsch und heißt: halbhohes, deckelloses Fass oder Tonne.

Das Segelboot meines Großvaters hieß „Seehund". Damit segelte mein Opa regelmäßig nach Langeness oder nach Südwesthörn. Er holte die zerschlissenen und kaputten Schuhe der Halligbewohner und brachte sie auf dem gleich Seeweg, ein paar Tage später, wieder zurück.

Als ich 12 Jahre alt war, fuhr ich oft mit dem LKW von Peter Paulsen mit. Der Fahrer Jupp nahm mich mit nach Dänemark. Dort holten wir Rotsteine ab, die für den Föhrer Häuserbau benötigt wurden.

So hatte ich schon früh einen Ausweis, den man ja an der deutsch-dänischen Grenze vorzeigen musste. Von meiner Mutter bekam ich den Auftrag Butter und Margarine aus Dänemark mitzubringen.

Mein größter Wunsch war es zur See zu fahren, aber meine Eltern und Großeltern wollten, dass ich zuerst einmal einen Beruf erlerne."

Sturmflut Februar 1962

„Fünf Jahre war ich in der Wyker Jugendfeuerwehr. Hier haben wir als zwölfjährige Steppkes beim Deichschutz während der Sturmflut im Februar 1962 mitgeholfen. Das war eine schlimme Nacht. Die Deiche drohten allerorts auf der Insel zu brechen und viele Keller liefen voll Wasser.

Im Hamburger Kinderheim, in den anderen Wyker Kinderheimen und auf Amrum wurden insgesamt vierhundert erholungsbedürftigen Kinder aus den Großstädten erwartet.

Die Föhrer Jungs von der Wyker Feuerwehr kämpften mit den Erwachsenen Seite an Seite für die Sicherung unserer Insel. Wir schleppten Sandsäcke oder halfen beim Auspumpen der überfluteten Keller bis in den nächsten grauen Morgen hinein. Die Inselfrauen versorgten uns zwischendurch mit heißen Getränken und würziger Suppe.

Für unseren tapferen Einsatz bekamen wir später einen Flutorden. Das machte uns stolz und wir fühlten uns schon sehr erwachsen.

Auf Dagebüll kamen die Züge voll müder und hungriger Kinder mit ihren Begleitern an. Es war äußerst gefährlich an der Küste da drüben.

Herr Diederichsen, der Leiter des Hamburger Kinderheims, zeigte Umsicht und Entschlossenheit und ließ die Züge wieder nach Niebüll zurückrollen. Die Kinder wurden erst einmal für die Nacht in den Turnhallen in Niebüll und der Kaserne in Leck untergebracht und bekamen dort eine heiße Suppe und warme Decken."

Jugendträume nach Wind und Wellen

„Als ich dann 14 Jahre alt war, packte mich die Sehnsucht nach dem Meer, nach Wind und Wellen und Abenteuer auf der Nordsee. Ich fragte den Kapitän der „M/S Jul", ob er mich auf seinem Schiff mitnehmen würde.

Mit der „M/S Jul",

Auf ging es mit der „M/S Jul" nach Hamburg-Altona zum Fischmarkt. Wir holten dort Stückgut ab und transportierten es nach Wyk.

Es folgten weitere Fahrten:

Mit der „M/S Nordland I"

transportierten wir Steine von Drochtersen.

Mit der „M/S Brigitte M"

brachten wir Kalziumphosphat von Uetersen nach Halmstadt in Schweden.

Mit der „M/S Emsriff"

transportierten wir 1000 Tonnen Kupferschlacke pro Schiffsladung die Elbe runter und dann nach Wyk. Unsere Ladezeit auf der Affinerie in Hamburg-Wilhelmsburg kam auf die Rekordzeit von nur 45 Minuten."

Ich wollte so gern zur See fahren

„Ich wollte so gern zur See fahren, aber da ich eine Brille trug, ging das für die Tätigkeit auf einem Schiffsdeck nicht. Ich hatte einen Plan, denn nichts sprach dagegen Unterdecks zu arbeiten.

So dachte ich über eine Kochlehre nach. Smutje in der Kombüse eines Kümos zu sein, würde mir auch gefallen. Ich dachte, dass wäre eine gute, sinnvolle und zuträgliche Arbeit. Ich vertraute mich meinem Großvater an und der bestärkte meinen Berufswunsch mit den Worten:

Die Stimmung an Bord steigt und fällt mit der angebotenen Kost. Ein guter Koch ist auf hoher See unentbehrlich.

Somit war es beschlossene Sache!"

Meine Ausbildung zum Koch

„Ich habe drei Jahre in Flensburg im Hotel „Angler Hof" gelernt. Diese Lehrstelle war für meine Berufserfahrungen sehr vorteilhaft, weil mein Arbeitgeber noch zwei andere Lokale besaß.

In dem „Gewerkschaftshaus" in der Schlossstraße arbeitete ich in einer Großküche. Wir kochten dort für 600 Personen. Zum Lehrstellenbetrieb gehörte auch noch ein Ausflugslokal „Am Ostseebad" hinter der Flensburger Werft. Dort haben wir viel gebacken und hausgemachtes Eis hergestellt.

Später in Wyk, erlernte ich mir beim Bäcker Jensen die Grundkenntnisse des Backens. So war ich für die Seefahrt als Kochmaat und Bäcker gut gerüstet.

Dann war ich alt genug für die Bundeswehr und wurde gemustert. Mir blieb die Bundeswehr erspart, weil ich mich für die Handelsmarine entschieden hatte."

Knudt geht auf große Fahrt

Knudt erinnert sich mit Leuchten in seinen Augen. Irgendwie schaukeln wir gemeinsam durch seine Erinnerungen über die Weltmeere und erleben das Seemannsleben des jungen Schiffskoch.

„1968 begann meine Laufbahn als Schiffskoch auf einem Bananendampfer.

Was würde ich wohl erleben? Würde ich es schaffen, alle Herausforderungen der Seefahrt zu meistern? Ich war so jung, so unerfahren, doch voller Lebensdrang, abenteuerlustig und wissbegierig, aber so ganz auf mich allein gestellt.

Meine Kindheit lag hinter mir und Opa Knudt war weit weg. Ich war jetzt ein junger Mann, noch ein wenig zittrig auf den Beinen und vor Seekrankheiten nicht geschützt, doch Opa Knudts Einfluss, seine Zuversicht und der Glaube an seinen Enkel, der ich ja war, machte mich stark.

Als ich knapp 20 Jahre alt war, begann mein so ersehntes Seemannsleben. Niemand konnte mich jetzt noch aufhalten.

Meine erste große Fahrt begann ich auf der „M/S Alsterblick", einem Bananendampfer. Unsere Fahrt führte uns nach Ecuador und wieder zurück nach Deutschland."

Civitaveccia

„Meinen zweiten Job sollte ich in Italien beginnen. So fuhr ich auf dem Landweg dort hin. Von Civitaveccia, einem unscheinbaren, italienischen Hafen, ging es weiter über die Weltmeere nach Kanada, nach Südafrika, Amerika und Argentinien .....

Den Namen des kleinen italienischen Hafens habe ich mir auf einen Zettel schreiben müssen, denn für mich, auch nach vielen Übungen, fällt es noch heute schwer den Namen richtig zu schreiben und auszusprechen."

Knudt´s längste Seefahrt

„Meine längste Reise führte mich nach Buenos Aires und zurück in den Norden Deutschlands, bei auflaufendem Wasser die Elbe rauf nach Hamburg.

Ich hatte auf der „M/S Fairplay IX" angeheuert. Mit diesem Hochseeschlepper holten wir zwei Schwimmkräne der Firma Ulrich Harms per Anhang, also im Schlepp, über die Ozeane in unendlich erscheinenden, arbeitsreichen 73 Tagen zurück nach Hamburg. Schwerstarbeit für den Schlepper und seine Mannschaft! Ein langer, harter Weg auf den bewegten Meeren mit den schaukelnden Schwimmkränen am Haken.

Die Kräne waren zuvor auf dem Rio de la Plata im Einsatz und halfen bei der Bergung einige Wracks, die dort in der Flussmündung auf Grund lagen. Sie waren an dem riesigen 290 km langen und 220 km breitem gemeinsamen Mündungstrichter der großen, südamerikanischen Ströme Paraná und Uruguay im Einsatz.

Das Wasser dort war milchig trüb, grau oder erdbraun und schmierig schlammig. An der Küste entdeckten wir Montevideo in der Sonne liegend weit entfernt von unserem Hochseeschlepper, der die Kräne mühsam in den Atlantischen Ozeans zog.

Argentinien war im Umbruch. Die politische Lage des Landes war für unseren Unternehmer Ulrich Harms unberechenbar geworden. Die Lage dort in Südamerika spitzte sich zu. Also, nichts wie weg! Hier konnte man keine Geschäfte mehr machen, keine Arbeitsaufträge annehmen.

Somit bekamen wir den Auftrag, seine großen schweren Schwimmkräne abzuholen und schleunigst aus dem Hoheitsbereich, aus der Reichweite Argentiniens zu bringen und dann zurück zu schleppen. Unser Einsatz rettete die wertvollen Arbeitsgeräte vor der Verstaatlichung.

In Argentinien verrieten derzeit die beiden großen Gewerkschaftsdachverbände die Arbeiterschaft und wurden zu Komplizen der politischen Machenschaften. Die Privatisierung wurde damals zwar vom Argentinischen Staat durchgeführt, aber die Gewerkschaftsbosse stimmten diesem Werdegang zu und hielten ihre Arbeiter gegen Schmiergeldern durch Fehlaussagen vom Protest zurück. Eine ganze neue Generation zerbrach an dem Glauben, sie würden durch ihre politischen Vorbilder, im Namen Peróns und seiner Nachfolger, einen revolutionären Umschwung erzielen. Argentinien wurde zum Pulverfass."

Knudt ging das Geld aus

„Ich hatte auf der „M/S Fairplay XII" angeheuert und war dafür mit dem Flugzeug zum Hafen Las Palmas geflogen. Dort habe ich drei lange Tage auf mein Schiff gewartet, doch der Schlepper kam nicht. Die „M/S Fairplay XII" hatte im Anhang, also im Schlepp, 1000 Tonnen Dynamit geladen. Das war dem Hafenmeister zu gefährlich und so konnte er nicht bunkern.

In der Zwischenzeit genoss ich mein Leben in den Hafenkneipen von Las Palmas bis mir das Geld ausging. Ich hatte alles Geld „verbraten".

Das Flugticket für die Heimreise bekam ich vom Kapitän der „M/S Fairplay XII", doch das Geld fehlte mir für das Taxi zum Flughafen. Ich hatte wirklich keinen Pfennig mehr.

Von meinem Vater schenkte mir zu Beginn meiner ersten Seefahrt ein gutes Fernglas, einen Rasierapparat und ein Radio, einen kleinen Weltempfänger.

Diese mir sehr lieb gewonnenen Gegenstände, verscherbelte ich nun, wegen meiner Unbedachtheit, in einer Hafenkneipe für ein paar spanische Pesetas.

So konnte ich zum Flughafen gelangen. Ich flog nach Düsseldorf, ein Ticket hatte ich ja, und bin dann weiter mit der Bahn nach Hamburg gefahren. In Hamburg gelang ich dann als Schwarzfahrer zum Kontor der „Fairplay-Reederei", denn für die U-Bahn reichte das Geld nicht mehr. Abgebrannt landete ich wieder im sicheren Hafen."

Knudt an Land

„Ich lernte meine große Liebe Carola beim Tanzen kennen und blieb mit ihr an Land.

An Land, das hieß auf Föhr, das hieß in Wyk auf Föhr. Meine Zuneigung zu meiner schönen jungen Frau war groß und der Wunsch beieinander zu sein vorrangig. Nestbau und Familiengründung waren unser größtes Glück.

Ich arbeitete als Koch 3 ½ Jahre in der Kurklinik „Sonneneck" am Südstrand und 3 ½ Jahre in der „Fischbratküche Klatt" in der Mühlenstraße. Heute heißt es dort „Klatt`s Gute Stube".

Herrliche Jahre, aber immer mit einem leichten Ziehen im Bauch, das Seefahrt, Meer und Wind bedeuteten. Dieses Ziehen galt es zu unterdrücken. Den richtigen Platz hatten wir beide auf unserer grünen Heimatinsel Föhr gefunden und hielten daran fest. Unsere Heimatstadt Wyk war klein und übersichtlich, doch sie nahm einen großen Platz in unseren Herzen ein. Ein Seemann braucht einen Heimathafen und eine Familie, ein Zuhause. Hier wollten wir Allzeit leben.

Wir liebten unser gemeinsames Leben und unsere grüne Insel hier draußen im Wattenmeer, mit seinen hübschen, kleinen Friesendörfern und fuhren gern mit unseren Fahrrädern zu den Bauern hinaus in die Marsch, schlenderten durch die Gassen der Stadt, spazierten am Sandwall entlang und trafen uns mit unseren Freunden und Bekannten zum Kaffee.

Wir führten unseren jungen Haushalt, der bald Zuwachs durch unsere Kinder bekam. Ich erinnere mich an die vielen Wäscheleinen, die wir im Hof spannen mussten. In meiner Erinnerung flattert noch heute die Kinderwäsche lustig im Nordseewind und ich jage den winzigen, geringelten Wollsöckchen hinterher, die der Sturm von der Leine geholt hat.

Heutzutage hängen dort oft die Sportklamotten meiner Enkelkinder, die wir nicht immer mehr so mühelos wie damals aufhängen. Manchmal zwickt es uns schon in den Knochen, Aber ich bin in mir drin noch immer der junge Mann, der seine Carola, die junge Mutter und jetzt die Großmutter meiner Enkelkinder, liebt.

Wir sind immer noch sehr glücklich und mögen auch heute noch keinen dieser Tage missen, noch vergessen."

Knudt´s Ehe mit seiner Carola war gesegnet durch einen Sohn, heute Kapitän bei der W.D.R. und seiner wunderschönen Tochter, Mutter seiner Enkelkinder Josina und Julius.

Wenn man Knudt als Privatmann erlebt und ein wenig später näher kennenlernt, ihm dann aufmerksam zuhört, dann kann man nachempfinden, dass auch Josina und Julius ein gutes Vorbild haben, so wie einst der Opa es für Knudt gewesen war.

Wer hat auch schon einen Opa, der so spannende Seemannsgeschichten erzählen kann, so lecker kocht und backt und Klingelmann von Wyk ist!

Knudt mit seinem Enkel Julius

Knudt mit seine Enkelin Josina in ihrer Friesentracht

Die Seefahrt geht wieder weiter

„Wir hatten Wind, Sand und Strand, die herrlich salzige Nordseeluft, Ebbe und Flut, Sonne, Kinderlachen und unsere Liebe. Doch da war in mir so ein Ziehen, so eine Sehnsucht nach schwankenden Planken unter den Füßen.

7 Jahre lebte ich an Land. Jetzt zog es mich wieder hinaus auf das Meer.

Meine Carola konnte es gut verstehen, aber missen wollte sie mich nicht. Ich konnte mir auch nicht vorstellen, weit von ihr entfernt zu sein, noch versäumen unsere Kinder aufwachsen zu sehen und an ihrer Entwicklung teilhaben zu können.

Aber ich brauchte auch die Seefahrt, wie die Luft zum Atmen! Wir fanden eine Lösung und diese bescherte mir rückblickend die fünfundzwanzig glücklichsten Jahre meines Lebens. Wir fanden eine Möglichkeit in der ich, Ehemann, Familienvater, Koch und Seemann sein konnte."

Knudt fährt wieder zur See

„Mein Berufsleben als Schiffskoch setzte ich bei der W.D.R. fort. Ich fuhr also nicht mehr über die Weltmeere, das war auch gar nicht wichtig. Jetzt war die Nordsee, das Wattenmeer zwischen Amrum, Föhr und Dagebüll mein Arbeitsplatz. Ich kochte für die Besatzungen der Fährschiffe mit der gleichen Leidenschaft.

Da täglich Land in Sicht war, hatte ich auch immer die gewünschten Zutaten für die Wunschgerichte meiner hungrigen Kollegen.

Es folgten

12 Jahre auf dem Seebäderschiff „M/S Klaar Kimming",

3 Jahre auf der „M/S Insel Amrum",

10 Jahre auf der „M/S Nordfriesland.

Das waren 25 tolle Jahre!

Heute fährt mein Sohn als Kapitän auf der „M/S Nordfriesland", der „M/S Schleswig Holstein" und der "M/S Hilligenlei". Ich bin sehr stolz auf ihn. All zu gern wäre ich auch an Deck zur See gefahren, aber ein Matrose mit Brille an Deck.

„Dat geiht gor nich!"

Also ab mit mir in die Kombüse!

„Als Koch, so schwärmen meine Kollegen noch heute, war ich unentbehrlich. Ich habe meinen Beruf mit Begeisterung durchgeführt. Kochen für eine Schiffsbesatzung war immer meine Leidenschaft!

Auf den Schiffen geht es um die Sicherheit sehr vieler Passagiere und so gute Mannschaften, wie auf unseren Fähren gemeinsam arbeiten und zusammenstehen, bekommt man nicht überall zusammen. Solche Mannschaften müssen wachsen."

Döntjes und andere wahre Seemannsgeschichten

Am liebsten hören wir Knudt´s wahren Seemannsgeschichten zu und bitten ihn, uns ein paar davon zu erzählen.

Gern nimmt Knudt sich Zeit für uns, stellt sich mit einer Tasse Kaffee wie gewohnt zu seinem alten W.D.R.- Kollegen Dieter mit seiner Frau Anne an den Stammtisch und beginnt zu erzählen.

Krabben daumendick und fingerlang

Zuerst erzählte er uns noch von einem großen Sack Krabben, den er von einem vorbeifahrenden Fischkutter bekommen hatte.

Das geschah auf der „M/S Klaar Kimming" zwischen Hörnum und Wittdün 1985. Die ganze Mannschaft pulten fleißig mit. Die Krabben waren „daumendick und fingerlang". Zum nächsten Mittagessen gab es Krabben im Überfluss.

Muscheln satt

Manchmal kochte Knudt zum Abendbrot Muscheln in seiner kleinen Kombüse unter der Back. Der Muscheldampf zog über Deck und ließ den Passagieren das Wasser im Mund zusammenlaufen. Da es genug Muscheln gab, konnten die Passagiere „Muscheln satt" für 5 DM mitessen. Davon wurde die Proviantkasse aufgebessert.

Die Besatzungsmitglieder mussten 7.00 DM pro Tag bezahlen, das waren 49.00 DM wöchentlich. Es gab morgens, mittags und abends warm.

Das war richtig deftige, kalorienreiche Seemannskost!

Panzerplatte und Mulis

„Wir waren den ganzen Tag im Liniendienst. Wir fuhren zwischen Dagebüll, Föhr und Amrum hin und her. Da bekam ich über Funk auf Kanal 72 die Order in Dagebüll von einem Kutter Krabben zu holen.

Ich bin mit unserem Muli auf der Mole in Windeseile rüber zum anderen Kai zum Kutter gefahren. Dort habe ich den Fischern eine von mir frisch gebackene „Panzerplatte" gebracht und gegen einen riesigen Eimer Krabben dafür eingetauscht."

„**Panzerplatte**" ist ein einfacher Butterkuchen auf einem Backblech ausgebacken mit Rosinen, Mandeln und reichlich guter Butter.

„**Mulis**" sind kleine Trecker auf der Fähre, die die Anhänger an Bord holen und wieder ausladen. Es gibt Müllanhänger, Frachtanhänger, Anhänger für Tiertransporte, meist für Schafe und Lämmer.

Früher holten die Mulis auch die Koffer von Dagebüll ab und brachten sie auf die Fähren zur Überfahrt nach Föhr und

Amrum. Natürlich auch andersrum. Man musste nur aufpassen, dass das Gepäck auf den richtigen Anhänger kam und nicht auf der falschen Insel landete.

Die „Mulis" hatten damals die Signalfarbe Orange, damit man sie jeder Zeit berücksichtigte in dem Gewusel von Beladen und Entladen. Wenn immer es möglich war, hatten sie Vorfahrt, denn zwischen den Hin- und Herfahrten blieb nicht viel Zeit und es gab allerhand Arbeit für die kleinen Flitzer. Heute sind die „Mulis" rot und blau."

Alles lüttje Dinger
oder Seehunde lesen gen den Insel-Boten

„Auf der Heimreise nach Wyk hat dann die halbe Mannschaft Krabben gepult. War nicht viel dran, alles „lüttje Dinger". Wir haben die Krabbenschalen wie immer auf einer alte Zeitung gesammelt, anschließend eingerollt und den Krabbenabfall samt Zeitungspapier über Bord geworfen.

Unser Kapitan war entsetzt. „Was sollen die Passagiere davon halten, wenn in der Schiffsschraube plötzlich der „Insel-Bote" hochgewirbelt wird?" „Na, die Antwort ist wohl klar!", lachten wir Umweltsünder. „Seehunde lesen gern den Insel Boten!"

Knudt´s Motto

„Eine satte, zufriedene Mannschaft ist eine gute Mannschaft. Bei schlechter, unzureichender Kost gäbe es wohl alsbald eine

Meuterei an Bord. Als Koch ist man ja auch mitverantwortlich für die Gesundheit und Zufriedenheit der Mannschaft."

Wir erzählen Knudt, dass wir mit einige seiner Kameraden, die mit ihm zur See gefahren sind, über seine Kochkünste gesprochen haben. Sie schwärmen heute noch von seinem guten und reichhaltigen Mahlzeiten. Wir fragten sie unabhängig von einander nach ihren Lieblingsgerichten.

„Königsberger Klopse", stand bei allen an erste Stelle. Dann kam gleich die „Warnis", ein Szegediner Gulasch, die Überaschungssuppe, Muscheln und Krabbenfrikadellen. Natürlich stand ganz oben in der Rangordnung noch Knudts Labskaus!

Gibt es überhaupt einen Seemann, der sich nicht nach Labskaus die Finger leckt?

Gerichte aus der Knudt'schen Kombüse:

Was Kapitäne gern essen und was auf dem Wunschzettel seiner Mannschaft zu lesen war.

„Die Kapitäne und ihre Mannschaften, für die ich im Laufe meines langen Berufslebens auf den Meeren dieser Welt gekocht habe, liebten deftige Mahlzeiten mit viel Butter.

Vitamin- und kalorienhaltige Nahrungsmittel sind in der Seefahrt wichtig, denn bei den Arbeitsbedingungen und der Auseinandersetzung mit allen Wettern, wurden Kalorien gut verbrannt.

Der Körper verlangt nach Vitaminen, Fetten und Kohlehydraten, nach mehr Kalorien, Kalorien, Kalorien. Seeleute haben großen Hunger, immer guten Appetit und sind nur mit guter, gehaltvoller Seemannskost zufrieden zu stellen.

Ganz besonders liebten meine Kapitäne Königsberger Klopse mit Kapernsoße, Rote Beete und Salzkartoffeln, aber auch die Mannschaften leckten sich danach die Finger.

Wichtig war der Nachtisch dazu! Die Mannschaft mochte besonders „Rote Grütze mit Froschaugen" (Sago), Milch und einen ordentlichen Pott Kaffee."

„Warnis" auf Knudts Art

„Warnis" waren Brötchenhälften mit Remouladenaufstrich, belegt mit Salami und dann im Backofen mit Käse überbacken. Der Matrose Dieter O., konnte davon nicht genug bekommen und schwärmt noch heute davon. Der Koch musste gut aufpassen, sonst verschwand das Abendbrot vorzeitig aus der Kombüse. Auch Dieter bekam beim Mopsen etwas auf die Finger."

Muscheln sind das schwarze Gold des Nordens

„Die Muscheln für ein weiteres leckeres Abendessen wurden am Abend zuvor in einem Jutesack außenbords gehängt und in der Strömung entsandet. Muscheln im leckeren Sud mit Knobi und Zwiebeln, konnte niemand widerstehen! Dazu gab es Schwarz-brot dick bestrichen mit frische Halligbutter.

Die Muscheln wurden so lang im Wasser gekocht, bis sie sich öffneten. Gewürzt wurde mit Salz, Pfeffer, einem Lorbeerblatt, Knoblauch, Zwiebeln, Porree, Karotten und Weinessig. Muscheln, die sich nicht von allein öffnen, sollte man nicht essen!

Zurück blieb ein sehr schmackhafter, vitaminreicher Sud. Mit diesem Sud konnte man noch viel anfangen, eine klare, würzige Suppe kochen oder die Muscheln damit in Sauer einlegen."

Eintöpfe

„Es ist Tradition, dass es auf allen Schiffen, die „unter Deutscher Flagge" fahren, samstags Eintöpfe gibt. Erbsen-, Linsen-, Bohnen-, Kartoffel-, Irish Stew und Steckrübensuppe, alles mit und ohne Reis, Nudeln oder Kartoffeln.

Ach ja! Graupensuppe!

Die machte so richtig satt und schmeckte besonders gut auf Rindfleisch gekocht!"

Knudt erzählt schmunzelnd weiter:

„Meine Jungs liebten die Abwechslung, möglichst gehaltvoll, was sich wohl auf die Fleischeinlage bezog.

Trotz der Vielfalt der Samstagssuppen wünschten sie sich mal eine ganz andere, eine besondere Suppe. Also kochte ich ihnen eine Überraschungssuppe, wie die Mannschaft sie noch nie gegessen hatte und sie kam gut an."

Die Überraschungssuppe „Cowboy Eintopf"

„Gemischtes frisches Hack in Übermenge mit Tomatenmark, Pfeffer und Salz vermengen, in der Bratpfanne anbraten mit viel Knoblauch, Zwiebeln und dann mit Kabanossi-Brühe auffüllen. Mengen von braunen Bohnen, Ananas, Mais, gewürzt mit reichlich Paprika, Curry und Ketchup. Obendrauf gab es immer einen Löffel Schmand mit Röstzwiebeln bestreut und Baguette-Brötchen aus dem warmen Ofen."

Labskaus - Knudt schwärmt:

„In den alten Seefahrtszeiten gehörte Pökelfleisch zu einem echten Labskaus. Das Fleisch wurde, um es über Monate für eine lange Seefahrt haltbar zu machen, in Fässern mit Salz eingepökelt.

Heutzutage kauft man Rindfleisch in Dosen als Corned Beef ein, das gute aus Argentinien.

Zuerst musst du Kartoffeln schälen, halbieren und ankochen. Das Corned Beef kommt kleingeschnitten dazu. Es wird mitgekocht.

Durchgedrehte Zwiebeln, Rote Beete und Gewürzgurken, Schmalz und der Saft der Rote Beete werden den zerkochten Kartoffeln und dem Corned Beef untergemischt. Die Masse wird mit dem Kartoffelstampfer zerdrückt und wieder warm gemacht.

Rauf auf den Teller und obendrauf einen Bismarckhering oder Matjes und auf jedem Fall ein Spiegelei , direkt aus der Pfanne.

Gewürzt wird das Laubskaus mit Pfeffer und Salz. Verlängern oder geschmeidiger macht man es mit dem abgegossenen Kartoffelwasser. Würziger wird es mit Gewürzgurkenessig. Die schöne rosa Farbe bekommt es vom Rote Beete-Saft.

Ganz wichtig!

Nach dem Essen gibt es einen „Jubi" zur Verdauung und gern ein Bier. Der Fisch muss schwimmen!"

Knudt lächelt in sich hinein und schluckt. Ich glaube, ihm läuft bei seinem eigenen Labskaus das Wasser im Mund zusammen oder denkt er an den „Jubi" danach, natürlich eisgekühlt.

Seefahrtsgeschichten

„Knudt, erzähl uns noch mehr aus deiner Seefahrerzeit!"

Darum brauchen wir Knudt nicht lange bitten. Die Schifffahrt ist sein Thema. Knudt kann nicht nur interessante, markante und amüsante Geschichten aus seinem zurückliegenden Seefahrtsleben erzählen, sondern er kennt sich auch in der heutigen Seefahrt aus. Als Ray ihm erzählte, dass er demnächst mit der „M/S Lofoten", einem Postdampfer, an der norwegischen Küste hinauffahren wolle bis ins arktische Meer, wusste Knudt auch über dieses Schiff Bescheid. Er konnte sogar noch Auskunft geben, wo es zuletzt in welcher Werft zur Reparatur gelegen hatte.

Ray berichtet Knudt, dass er beim Germanischen Lloyd in Hamburg tätig gewesen war. Knudt lacht, sich erinnernd: "Ach ja, der GL!", und zog die Stirn kraus. Wen hatte er denn hier an der Angel? Ray Eighteen vom Germanischer Lloyd?!

Der GL war eine Schiffsklassifizierungsgesellschaft. Das bedeutet, ein Schiffsbesichtiger, der „GL-Mann", klettert durch das Schiff, von der Brücke bis in den Maschinenraum, bis in den letzten Winkel des Schiffes hinein, um die Sicherheit zu überprüfen, jede Roststelle findend, jede lockere Schraube.... . Das machte so manchem Reeder Herzklopfen und kostete eine Menge Geld, ggf. Fahrtenunterbrechungen und Reparaturen.

Beliebt war der GL nicht bei allen, aber außerordentlich notwendig und wichtig.

„So, Knudt, nun wollen wir ein paar von deinen Seemannsgeschichten hören. Aber bitte kein Seemannsgarn!", lacht Ray und führt unser Gespräch zurück zu Knudt.

Der Kapitän kommt gleich hier mit dem Flugzeug vorbei

„Die „M/S Jul" sollte Fracht nach Hamburg bringen. Mein Kollege Ernst hatte unsere Lebensmittel leider zu Hause vergessen. Da hatte Jochen, unser Kapitän, die ausgezeichnete Idee einen Umweg über Helgoland zu fahren, um frische gebratene Hähnchen aus der Südkantine zu holen. Das waren einige Hochseemeilen mehr als vorgesehen. Aber der Appetit auf Gebratenes, die Aussicht auf einige Biere mit einem Korn dazu, auf ein paar ordentliche Hochseewellen, waren die Mühe wert.

Das Essen in der Helgoländer Kantine war reichhaltig. Wir hatten vorzüglich zu Abend gegessen, viel getrunken und geraucht. Es schien alles in bester Ordnung. So gehörte es sich für einen echten Seemann. Nun konnte die Fahrt nach Hamburg beginnen.

Vor dem Ablegen vom Helgolandkai kletterte der Maschinist Ernst hinunter in seine Maschine, um sie abzuschmieren und Luft zu pumpen. Der Tagestank musste gefüllt werden.

Ernst hatte nicht mitbekommen, dass unser Kapitän Jochen seine Zigaretten in der Kantine liegen gelassen hatte und sich jetzt beeilte sie noch schnell zu holen.

Er holte die Leinen ein, legte ab und schon war unser Kümo ohne Kapitän auf hoher See. Wir fuhren ahnungslos ohne ihn Richtung Hamburg. Wir dachten, er wäre „ut de Büx" oder in seiner Koje „Papiere sortieren", das heißt, er hatte sich auf's Ohr gelegt. Die Sache wurde aufgedeckt und verschlimmerte sich dazu, weil wir versäumt hatten die Zollflagge zu setzen. Der Befehl zum Hissen war vom Kapitän unmerklich ausgeblieben.

Querab von Cuxhaven kam dann, wie das Unglück es will, ein Zollboot auf uns zu und legte längsseits an. Er wollte unsere Papiere sehen und fragte nach dem Kapitän. Der war nicht zu finden, nicht auf der Brücke, nicht in seiner Koje. Ernst stand stramm, sortierte seinen „duhnen" Kopf und antwortete wie selbstverständlich: „Der kommt gleich mit dem Flugzeug hier vorbei." „Ankern!", schrie die Stimme des Gesetzes. „Die Weiterfahrt wird unterbrochen!" Nach einer Weile kam ein Zollkapitän extra von Cuxhaven herüber und wir konnten unsere Fahrt Elbe aufwärts zum Hamburger Hafen fortsetzen.

In Hamburg-Altona stand dann auch unser Kapitän, unser Jochen, an der Pier und nahm unsere Leinen in Empfang.

„Sieh`ste,!" strahlte der Maschinist, „Ich sagte doch, er kommt gleich mit dem Flugzeug!", und kratzte sich am Kinn.

Natürlich wurde eine hohe Geldstrafe verordnet, aber der Liniendienst war nicht erheblich unterbrochen worden."

Das Weihnachtsgeschenk für die Mannschaft der „M/S Dide"

„Wir lagen mit der „Dide" in der Südschleuse von Brunsbüttel als ein Bugsierschlepper längsseits anlegte. Die Sonne brannte auf uns herab. Das Thermometer zeigte 25 Grad im Schatten an und es war kein erfrischendes Lüftchen in Sicht.

Das Schließen der schweren Luken des Laderaum ließ uns keuchen und stöhnen. Alles musste durch die Manneskraft, alles per Hand geschoben und gehoben werden! Der Schweiß lief uns den Rücken hinunter und verklebte unsere schmutzigen Hemden. Er trief uns in die Augen. Jedes Abwischen mit den schmutzigen Händen hinterließ einen schwarzen Streifen im Gesicht. Die Augustsonne brannte erbarmungslos. Die Arbeit war schwer.

Da fragte uns zu unserem Erstaunen unser Kapitän schmunzelt nach unseren Weihnachtswünschen: „ Wollt Ihr zu Weihnachten einen Abend im Steakhaus, eine Bauernnacht oder soll ich für das Schiff eine elektrische Winsch besorgen zum Dichtmachen der Luken?"

Die Antwort war spontan und einstimmig: Eine Bauernnacht!"

An den Leser und Leserinnen gerichtet:

„Wenn Ihr gern wissen wollt, was eine Bauernnacht ist, dann müsst Ihr Knudt selbst fragen! Uns hat er es nicht verraten. Doch sein Funkeln in seinen Augen verspricht Bände."

Habgier

„Wir lagen mit der „M/S Natalie" am Kai um Tetrapoden zu laden, um sie dann nach Helgoland zu transportieren. Stückgewicht: 6 t. Am Kai lagen Hunderte davon.

Tetrapoden sind vierfüßige Betonblocksteine, die im Küstenschutz Verwendung finden. Man kippt sie an den Strand, an Mohlen oder vor Deiche. Sie brechen Wellen und schützen Küsten und Inseln. Tetrapoden kommt von der Ähnlichkeit zum Tetraeder, einer geometrischen Figur.

Wir luden davon 100 Stück davon in den Laderaum, da der Kümo für eine Ladung von 600 Tonnen zugelassen war.

Der Eigner forderte: „Dann könnt ihr den Laderaum vollknallen!" Die Antwort des Kapitäns kam prompt und trocken: „Dann saufen wir noch hier im Hafen ab!"

Der Kapitän ist „ut de Büx"

„Wir waren mit der „Dide" beladen mit Weizen auf einer Fahrt die Elbe hoch nach Hamburg. Uns begegneten viele große Schiffe aus aller Welt. Da kam ein Anruf auf Kanal 16 von einem Elbe abwärts fahrenden Schiff.

„Hallo Dide" hier ist die „MSC Ilona". Der Lotse wollte unseren Kapitän sprechen. Ich antwortete:" Der Kapitän ist gerade „ut de Büx"." „Kein Problem", kam es von der „MSC Ilona" zurück. „Dann rufe ich später wieder an."

Es war Hannes , ein Schulkamerad des Kapitäns. Als er später wieder anrief, begrüßte er unseren Kapitän mit: „Moin Martin, warst du ut de Büx?" „Jo, Jo! Hannes!", begrüßte unser Käptn seinen Schulkollegen, den Lotsen der „MSC Ilona". Der Kapitän der „M/S Dide" war auf der Toilette gewesen, offiziell.

Inoffiziell hatte er in seiner Koje eine Pause gemacht und sein Koch hatte die Hände am Steuerrad, auch inoffiziell."

Auf den Halligen gedeiht saftiges Uthlandefleisch

„Im Frühling brachten die Bauern ihr Jungvieh als Pensionsvieh auf die Halligen und im Hebst ging es wieder zurück auf das Festland. Die Halligbauern selbst hielten nur vereinzelt mal eine Kuh, denn das Gras der Salzwiesen im Vorland der Halligen reichte nicht noch zusätzlich als Vorrat für die Wintermonate.

Das sogenannte Pachtvieh musste sich das Gras schon mit ein paar Kutscherpferden und Tausenden von Zuggänsen teilen, die auf ihrem Weg gen Norden nach Spitzbergen und Sibirien im Frühjahr und wieder zurück in den Süden im Herbst, hier Station machten.

Also übernahm im Frühjahr das Ro-Ro Schiff „M/S Amrum" den Transport und brachte das Pachtvieh auf die Halligen. Im Herbst wurden es wieder zurück auf das Festland gebracht. 200 Stück pro Hallig. Der Bauer auf dem Festland bezahlte für die Sommerfrische seiner Viehcher Pacht.

Es war wieder einmal Herbst und die Tiere mussten zurück auf das Festland. Wie immer wurden sie auf der Fähre längs der Reling angebunden. Nur diesmal hatte ein Matrose Ärger mit dem Maschinisten. Das hatte Folgen!

Der Matrose war so ärgerlich, dass er eine Kuh direkt vor dem Maschinen-Schott mit dem „Mors" Richtung Maschinenraumaufgang anband.

Beim Anlassen der Hauptmaschine wurde zuerst durchgeblasen und dann mit Pressluft gestartet. Die Kuh musste einen gewaltigen Schreck bekommen haben und entlud ihren Angstschiss direkt im Eingangsbereich des Abgangs zum Maschinenraums.

Als der Maschinist nach zwei Stunden harter Arbeit den Maschinenraum verlassen wollte, um ein wenig frische Luft zu schnappen, trat er direkt in einen riesigen, glitschigen Haufen, der sich seit dem Entstehen vor zwei Stunden mit jeder neuen Panikattacke der Kuh vergrößert hatte.

Nach dieser Überfahrt wurde sorgfältig darauf geachtet, dass der Eingang zur Maschine stets geschlossen war. Mit den Matrosen stellte sich der Maschinist ab sofort gut."

Ein Rostocker schnackt Platt oder wie eine lebenslange Freundschaft begann.

„1969: Wir lagen mit dem Seeschlepper „M/S Fairplay XII" und mit dem Rostocker Forschungsschiff „M/S Ernst Haeckel" zusammen an der Pier in Plymouth im Englischem Kanal. Im Schlepp hatten wir einen alten, rostigen Tanker zum Verschrotten. Den sollten wir nach Gandia / Spanien bringen.

Die „M/S Ernst Haeckel" lag hier notgedrungen zur Reparatur fest. Maschinenschaden! Es war ja noch zur Zeiten der DDR und somit schwierig Ersatzteile zu bekommen. Die Besatzung des Forschungsschiffes brauchte viel Geduld und Zeitvertreib bis sie dann die Reise nach Island und weiter in die grönländischen Gewässer fortsetzen konnte.

Wir warteten auf gutes Wetter und starteten dann unsere beschwerliche Fahrt. Über 30 Tage zogen wir den rostigen Tanker über das raue Meer durch den Golf von Biscaja und die Meeresenge von Gibraltar sicher bis nach Gandia.

Doch zuvor hatte die Mannschaft der „M/S Ernst Heackel" und unsere Crew eine gute Zeit miteinander. Zwischen uns lagen Welten. Da traf eine Forschungsmannschaft auf eine Arbeitercrew, da traf DDR und BRD aufeinander. Menschen aus zwei sehr unterschiedlichen Sozialisierungsprozessen und politischen Systemen. Aber, wir passten prima zusammen.

Wir tauschten „Rostocker Hafenbräu" und Hamburger „Holstenbier". Es kam sozusagen zu einer ganz besonderen Art Völkerverständigung. Die Methode war empfehlenswert und sehr nachhaltig: Kameradschaft, die Lust auf schnacken und feiern und die Liebe zur Seefahrt.

Meinem neuen Kumpel aus der anderen Welt schenke ich zum Andenken ein Paar Cowboystiefel aus reinem Büffelleder. Er machte mir mit seinem Gegengeschenk eine große Freude. Ich bekam Seestiefel, einen Seemannsrock und einen Südwester. Sachen, die ich auf dem Schlepper gut gebrauchen konnte. Ich war zwar als Koch an Bord angeheuert, aber auf so einem Schlepper gibt es auch außerhalb der Kombüse an Deck viel zu tun.

Wir beide haben uns nicht mehr aus den Augen verloren. Ich reiste zu ihm in die DDR und er kam rüber zu mir in den Westen Deutschlands. Nach der Wende heuerte er auf dem Kümo „Brigitte M" von Pellworm an. Später fuhr er bis zu seiner Pensionierung mit 58 Jahren auf der „Bertha". Seine Kapitäne lobten ihn: „So einen guten Seemann, wie den Hannes Krugmann, bekommt man nur selten!"

Heute lebt mein Freund Hannes in Chemnitz und hat weit über 70 Jahre Lebenserfahrungen und eine abenteuerliche Seefahrtszeit hinter sich. Wenn wir miteinander telefonieren, dann „duert dat lang", denn dann „snacken wi Platt"."

Up and Downs

Wir sitzen wieder einmal zusammen, Ray, Hanne und der Wyker Klingelmann.

„Knudt," überlegt Hanne. "Du hast uns aus deinem sehr ereignisreichen und bunten Leben erzählt. Ist alles so glatt abgelaufen oder gab es auch wie in unserem Leben immer mal Tiefpunkte?"

Knudt wird ernst und überlegt ein Weilchen, nippt an seiner Tasse Kaffee und beginnt zu erzählen:

„Ups and Downs", murmelt er und streicht sich über seinen Bart. „Sicherlich, so ist das Leben. Das macht ein langes Leben aus. Meine Ups habe ich genossen und erzähle noch heute gern davon. Meine Downs habe ich nicht nur durchlitten, sondern sie haben mir Lebenserfahrungen gegeben. Manche haben mich für eine Weile traurig gemacht und aus anderen habe ich gelernt. Durch meine Downs habe ich aber auch erfahren, wer meine Freunde sind und wem meine Liebe und mein Vertrauen gehört.

Wenn ich mein Leben bedenke, dann fallen mir zu meinen Tiefpunkten auch gleich wieder Höhepunkte ein. So mache ich mir Mut und Zuversicht. Nie den Kopf in den Sand stecken! Immer wieder nach vorne gucken! Positiv denken!"

Down "Abschied in der Mitternachtssonne"

„An einem schönen, sonnigen Sonntag, dem 21, Juni 1992, fuhren wir mit der „M/S Klaar Kimming" Sommergäste von Hörnum nach Wyk. Während die Gäste über den Sandwall spazierten, in den vielen kleinen Cafés Kaffee und Kuchen genossen, ein Weilchen in einem Strandkorb saßen und Eis schleckten oder in den hübschen Läden stöberten, hatte ich Zeit meinen Vater Andreas im Krankenhaus zu besuchen.

Es schien meinem Vater gut zu gehen und er sprach von einer zeitnahen Entlassung. Er war voller Tatendrang und hoffte bald einmal wieder mit der „M/S Klaar Kimming" nach Helgoland zu fahren. Auch ich war ganz zuversichtlich und freute mich über die abenteuerlichen Träume eines alten Mannes, meines geliebten Vaters.

Doch, es kam alles anders und unverhofft. Das konnte ich nicht vorhersehen. Das war für mich unfassbar.

Am Abend, wir hatten unsere Gäste zufrieden, unversehrt und pünktlich zurückgebracht, lagen wir wieder in Hörnum an der Pier. Es gab Fußball im Fernsehen: Das EM Spiel Deutschland gegen Dänemark. In der Halbzeit kam ein Agent an Deck.

Ein Agent regelt auf dem Schiff die Geldangelegenheiten und kümmert sich um Fahrkarten und Schiffspapiere. Diesmal brachte er mir eine traurige Nachricht, die ich mir offiziell auf der

Brücke im Beisein des Kapitäns abholen musste. Mein Vater Andreas Kloborg verstarb in der Mitsommernacht am 21. Juni 1992 unverhofft."

Up „Moin Klingelmann, bis ut de Wyk?"

„Im April 2002 begrüßte ich eine ganze Schiffsladung von Menschen, die zu uns auf die Insel kamen, um mit uns einen Trachtentag zu verbringen. Fröhlich klingelte ich ihnen entgegen, bestaunte die vielen bunten Trachten und hieß sie herzlich Willkommen im Namen der ganzen Insel. Auch unsere Inselfrauen hatten ihre wunderschönen, traditionellen Trachten angezogen. Es war ein herrliches, farbenfrohes Treiben mit Folklore, Gesang, Tanz und ganz viel Essen und Trinken. Wir hatten natürlich unseren Inseltrunk „Manhattan" zum Anstoßen bereit.

Ich hatte die Aufgabe die Herrschaften durch die Stadt zu führen, natürlich war es eine Stadtführung nach Art des Klingelmanns. Es wurde ordentlich geklingelt und gelacht. So vertraten wir uns vergnügt die Füße zwischen Mittagessen und Kaffeetrinken.

Draußen in Utersum hatten die Landfrauen die langen Tische festlich gedeckt. Dem köstlichen Kaffee und den leckeren Kuchen, der Vielfalt der selbst gebackenen Torten, konnten wir alle nicht widerstehen. Die Landfrauen unserer Insel sind bekannt für ihre Kuchen, Torten, Waffeln und Fötjes.

Unser damaliger Ministerpräsident Peter-Harry Carstensen begrüßte uns und freute sich mit uns über eine großzügige Spende des Trachtenvereins für die „Deutsche Gesellschaft zur Rettung Schiffsbrüchiger".

Ich hatte die Gelegenheit mit ihm einen Klönschnack zu halten, natürlich auf „Platt". Wann immer ich Peter-Harry Carstensen, auch später noch als Pensionär traf, begrüßte er mich mit den Worten:

„Moin Klingelmann! Bis ut de Wyk?"

Up „Die Letzten werden die Ersten sein"

„Ein weiterer Höhepunkt in meiner Amtszeit war die Begegnung mit dem Nachfolger von Peter-Harry Carstensen, dem Ministerpräsidenten von Schleswig-Holstein, Torsten Albig.

Diesmal hatte ich eine schriftliche Einladung für den 15. August 2013 bekommen als Symbolfigur für Nordfriesland. Da stand ich nun in der Reihe der Repräsentanten, den Kartoffelkönigen, der Rosen- und Erdbeerkönigin, der Rüben- und Kohlkönigin Dithmarschens , neben der Lammkönigin, der Matjeskönigin, dem Heringskönigspaar aus Kappeln, der Bienenkönigin, Till Eulenspiegel aus Mölln und vielen anderen Symbolfiguren.

Es galt in den Saal zu marschieren und sich für ein gemeinsames Foto aufzustellen. Alle drängten in den Saal. Ich folgte ihnen in nordfriesischer Art, gelassen und abwartend.

Sie drängten alle an mir vorbei. Ich ließ es geduldig geschehen. So kam ich als letzter in den Saal und stand plötzlich genau neben dem Ministerpräsidenten.

Ich wurde gebeten zu erzählen, wo ich herkam und berichtete von unserer schönen Insel Föhr und der kleinen Stadt, in der ich die Tradition des Klingelmann fortsetzte, nicht ohne zu klingeln.

Die Fotografen machten viele Fotos von Torsten Albig und dem Wyker Klingelmann Knudt Kloborg. Von meiner Begegnung mit Peter-Harry Carstensen konnte ich ihm zu seinem Erstaunen auch berichten."

Über Ups and Downs nachdenken und bewerten

Knudt philosophiert noch einmal.

„Es ist nicht immer leicht das Leben in einem Gleichgewicht zu halten oder gar zu beschreiben. Es gibt immer ein Auf und ein Ab im Leben. Es gibt Zeiten im Leben, da möchte man lieber allein sein, Zeiten da braucht man die Zweisamkeit mit einem lieben Freund oder mit seiner Liebsten, manchmal die Anerkennung seines Kapitäns oder die Unterstützung der ganzen Mannschaft.

Es gibt Freudenfeste, Besuche, die man gern macht oder die einen langweilen. Gespräche, die man sucht oder lieber vermeidet. Es gibt ein Lächeln, das einen aufbaut oder verlegen macht, ein Lachen, an dem man gern teilnimmt oder das einen beschämt. Man empfängt und man teilt aus.

Manchmal muss man sich entschuldigen oder wartet auf eine Gutmachung. Manchmal wird man getadelt und manchmal getröstet.

Manchmal vergeht die Zeit viel zu schnell und manchmal ist sie unendlich lang.

Er gibt Zeiten und Situationen zum Vergessen oder zum Erinnern.

Ich habe aus allen Situationen etwas gelernt. Nichts war am Ende oder in der Betrachtung mit Abstand unbedeutend. Alles gehörte zu mir und war mein Leben und ist die Folge der Fortsetzung dessen.

Auch der Klingelmann ist eine Schlussfolgerung und ein Neubeginn, ein sich berufen auf Erfahrungen und alten Traditionen und die Erfüllung eines großen Traumes."

Meine Hüftoperation

„Schon längst hatte ich meinen sicheren Gang eines Seemanns auf schwankenden Planken verloren. Selbst die Straßen von Wyk, die Pflastersteine am Hafen und die hölzerne Mittelbrücke waren mir zu uneben und bereiteten mir große Probleme.

Von Schmerzen geplagt musste ich mich ins Krankenhaus an die Ostsee nach Damp begeben. Zweimal musste ich hin und bekam neue Hüften, die mich jetzt wieder auf sicheren Touren durch mein geliebtes Wyk führen und mich unbeschwert klingeln lassen und mich tragen.

Doch die Zeit im Krankenhaus war lang und schwer. Manchmal brauchte ich meinen ganzen Seemannsmut, um den nächsten Schritt der Untersuchungen, der Behandlungen und der Operationen durchzustehen. Meine Familie, insbesondere meine Frau Carola war immer an meiner Seite und meine lieben Freunde ebenfalls. Ich war nie allein.

Ich begann mich, dort auf meinem Krankenbett, oft in ganz unbequemer Lage, an Abschnitte aus meinem Leben zu erinnern und schrieb sie auf.

Aus dieser „Up" wurde eine „Auszeit" vom normalen Leben, Zeit der Besinnlichkeit. Mein Krankenhausaufenthalt verging und bereicherte mich mit vielen schönen Erinnerungen und Geschichten."

Wie Knudt zu seiner Klingel kam

Für unser nächstes Treffen hat Knudt sich gut vorbereitet. Knudt wird uns berichten, wie er zu seiner Klingel kam.

Ray notiert: „Ik hev opschreben, wat Knudt vertellet."

Knudt schlendert mit seinem Freund Harro durch den Flensburger Hafen.

Die beiden abgemusterten Seeleute sind begeisterte Besucher der alljährlichen „Flensburger Rumregatta".

Eine kleine Budenstadt ist am Kai aufgebaut. Hier kann man maritimen Krimskrams kaufen und sie versorgt die Hafenbesucher mit Fischbrötchen, gebratenem Hering und Krabbensuppe. Es gibt Kaffee, Eiergrog, Bier und Schnaps. Das lässt so manchen Hafenbesucher der Flensburger Förde ein wenig übermütig werden.

Knudt ist es jedenfalls. An einem Stand mit alten Glocken und Klingeln probiert er die verschiedenen Klänge der Instrumente aus.

„Oh, diese Klingel hat einen guten Klang und liegt mir prima in der Hand. Was kostet sie?" Der Händler will 32 Euro dafür haben. „Nee, so viel bezahle ich nicht. Ich gebe dir 25 Euro." Der Händler lässt nicht mit sich handeln. So ziehen Knudt und Harro noch eine Runde um den Festplatz am Kai. Noch einen letzten sehnsüchtigen Blick auf die Glocke, die sich in sein Herz und seine Seele geklingelt hat. Sie ruft förmlich nach ihm und blinkt so herrlich in der Sonne.

Knudt geht weiter und die Klingel schreit: „Knudt! Seemann bleib stehen!" Knudt dreht sich noch einmal um und da steht der Händler hinter ihm und hält ihm die Klingel entgegen. „Gut, weil du es bist. Du kannst sie für 25 Euro haben!"

Knudt nimmt die Klingel in die Hand. „Was hast du vor, Knudt? Blamier' uns bloß nicht!" Harro zieht an seinem Arm. Doch da ist es schon geschehen. Knudt schwingt die Klingel und die gibt vor Freude die ersten Töne von sich. Hell und klar schallt sie durch den Hafen und die Menschen kommen aus allen Richtungen auf ihn zu. Harro springt zur Seite und verschwindet mit den Worten: "Knudt, mach bloß keinen Scheiß! Wir werden zum Gespött." Zu spät! Knudt ist schon im Klingelrausch und wird zum Publikummagnet.

Genau neben ihm am Kai liegt die „Dagmar Aaen" von Arved Fuchs. Knudt klingelt lachend und verkündet: „Wer möchte an einer Polarexpedition teilnehmen? Wer will mit der „Dagmar Aaen" in die Arktis?"

Der Kapitän klettert aus der Kajüte des Kutters und entpuppt sich als Arved Fuchs. Höchst persönlich! „Was rufst du da?" Er schüttelt unwillig und doch ein wenig amüsiert den Kopf. „Meine „Dagmar Aaen" macht heute von hier aus eine Förderundfahrt." Knudt versucht seinen Übermut zu bändigen und läutet die

Rundfahrt ein. Dann verschwindet er schnell - gerade noch rechtzeitig bevor Harro Knudt die Freundschaft kündigt.

„Was willst du nun mit der Klingel anfangen?", fragt sein Freund Harro und befürchtet ein erneutes übermütiges Klingeln. Doch Knudt ist ganz still geworden. „Ich weiß noch nicht. Lass mich nachdenken!"

Knudt´s Freund Harro

Knudt beschließt Klingelmann von Wyk zu werden

Knudt muss nicht lange darüber nachdenken, denn während der Klingelaktion am Flensburger Hafen hat er schon einen Entschluss gefasst. Er will der nächste Klingelmann in Wyk werden.

An einem sonnigen Nachmittag im Frühling 2009, als seine Frau Carola mit Freundin Frieda am Gartentisch sitzen und plaudern und den Sonntagskaffee schlürfen, kommt Knudt eine Idee. Er nutzt die Zeit und sucht nach einer alten Lotsenuniform, die er schon vor Jahren geschenkt bekommen hatte. Zu schade um sie wegzuwerfen oder in die Altkleidersammlung zu geben, befand er damals und versteckte sie in einer Kiste auf dem Dachboden. Tatsächlich blieb sie seiner ordnungsliebenden Frau verborgen.

Ein bisschen lüften, hier und da zupfen und wieder in Fasson bringen. Anprobieren! Einen eitlen Blick in den Spiegel werfend, befindet Knudt: „Sie passt! Sie ist wie für mich auf den Leib geschneidert. Sie sitzt wie angegossen."

Knudt entscheidet sich einen Elbsegler aufzusetzen. Gerade, nicht so verwegen schief! Nicht so tief ins Gesicht ziehen! Sein Klingelmann soll eine seriöse Ausstrahlung haben.

Die Frauen, die ihn durch das Fenster beobachten, wie er sich vor dem Spiegel hin- und herdreht, amüsieren sich und werden doch neugierig, was denn plötzlich in den Kerl gefahren ist. Frieda kichert: „Legt er auch noch Rouge auf?"

Für Knudt wird es nun Zeit sich den Frauen vorzustellen und von seiner Idee zu berichten. Was sie wohl sagen werden? „Knudt, das ist eine verrückte Idee. Alle werden über dich lachen."

Vielleicht werden sie es auch so peinlich finden, wie damals Harro auf dem Flensburger Hafenfest. Arved Fuchs fand seine Klingelaktion zuletzt doch ganz toll und hatte ihn anerkennend auf die Schulter geklopft.

„Also, nur Mut! Du bist doch ein echter Kerl! So viele Jahre auf „Hoher See"! Knudt, du hast allen Stürmen getrotzt. Du wirst doch den Blicken der beiden Frauen standhalten!", murmelt er in seinen Bart hinein und nickt seinem Spiegelbild aufmunternd zu. Die Frauen springen vor Begeisterung vom Tisch auf. „Das ist eine ausgezeichnete Idee!" - „Nur", beanstandet Frieda und sieht zu Carola hinüber. „Der Elbsegler passt nicht. Dein Mann braucht eine echte Kapitänsmütze!"

Knudt´s Sohn, Kapitän bei der W.D.R., teilt die Begeisterung und überreicht seinem Vater eine ausrangierte weiße Mütze. Schnell werden die Schulterstreifen geändert: gold, rot, blau, in die Farben der friesischen Flagge und einen weiteren goldenen Streifen als Zeichen seines Sportbootführerscheines.

„Knudt, die Mütze passt nicht zum Klingelmann!"

„Jo, die Mütze ist besser!", jubelt Frieda.

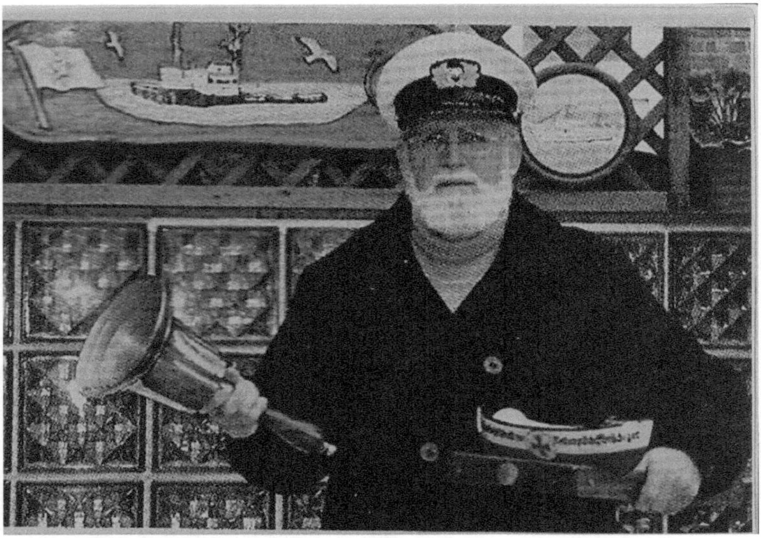

Der neue Klingelmann

Somit erhielt Wyk einen neuen Klingelmann, namens Knudt Kloborg, pensionierter Schiffskoch.

Knudt hielt natürlich den Amtsweg ein und stellte sich im Ordnungsamt Föhr vor. Der damalige Bürgermeister Heinz Lorenzen war begeistert und gratulierte Knudt zum neuen Amt:

„Klingelmann in Wyk".

Der neue Klingelmann versäumte es auch nicht die Geschäftsleute um Erlaubnis zu bitten, in Reichweite ihrer Geschäfte zu klingeln und die Nachrichten der Insel zu verbreiten.

Er ruft das Wetter aus und wer er sich frisch vermählt hat. Freudig kündigt er die Geburt eines Kindes an und ruft seinen Namen aus. Wer feiert Konfirmation, Silberne oder Goldene Hochzeit? Wer hatte einen runden Geburtstag? Welches Geschäft wurde neu eröffnet und wie waren die Öffnungszeiten im Schwimmbad?

Es gibt so viel zu verkünden und zu berichten von Inselrundfahrten, von Vergnügungsfahrten mit dem Dampfer, Piratenfesten für die kleinen Gäste, Besichtigungen von großen Segelschiffen und dem Kinoprogramm, von Feuerwehr- oder Dorffesten.

Knudt verkündet Ringreiten, Stadtrundgänge, Wattwanderungen, und die Darbietungen in der Musikmuschel gegenüber dem Kurmittelhaus. Gibt die Termine der Föhrer Chöre und Tanzgruppen bekannt und ruft Bauernmarktzeiten aus.

Er kündigt Hochwasser, ungefährdete Badezeiten und wie hoch oder niedrig die Wassertemperatur ist, sagt Sturm und Regen vorher.

Am schönsten ist es, wenn er ruft:

„Heute scheint die Sonne auf Föhr. Rechnen sie mit gutem Badewetter! Es sind noch Strandkörbe frei!"

In jedem neuen Jahr findet er sich wieder im Ordnungsamt im Rathaus ein, um sich für die neue „Klingelmannsaison" die Erlaubnis zu holen und diese beginnt in jedem Jahr in den Tagen vor Ostern.

Die kleine Kati ist weg

„Hattest du noch andere Aufgaben als Klingelmann?"; will Ray wissen.

„Nicht offiziell. Aber manchmal ergab sich eine Aufgabe aus der Notwendigkeit.

So war es auch am 27. August 2009. Die kleine Kati, ganze drei Jahre alt war den Eltern am Strand abhanden gekommen. Wo war die kleine nur geblieben? Die Eltern waren in ihrer Sorge schon am Strand auf und abgelaufen, in und hinter jeden Strandkorb geschaut und in jedes von den Kindern in der warmen Sonne gebuddelten Loch im Sand. Sie hatten zur Segelbrücke hinüber geschaut, waren zur Seebrücke hinübergelaufen und am Sandwall, in jedem Café und in jedem Laden nach ihr gefragt und immer wieder laut „Kati!" gerufen. Ich wurde um Hilfe gebeten, die Suche durch mein Klingeln zu begleiten. Ich startete um 9.55 Uhr meinen Aufruf mit den Worten:

„Wer hat die kleine Kati, drei Jahre alt, gesehen? Sie trägt ein weißes T-Shirt mit dem Aufdruck ABI 2024."

Um 10.50 Uhr hatte ich die Kleine gefunden. Sie hatte sich gerade ganz unbekümmert die Auslagen im Andenkenladen an der Ecke bei der „Alten Post" angeschaut.

Ich habe die kleine Kati mit ein paar leckeren Bonbons aus dem Bordproviant meines Fahrrades gefüttert, sie auf den Sattel gesetzt und so haben wir versucht ihre Eltern zu finden.

Da fiel mir nichts anderes ein, als am Sandwall um das Mikrofon in der Musikmuschel zu bitten. Die Kurkapelle hatte gerade aufgespielt, hielt inne und eine große Schar von Zuhörern lauschte nun meiner „Musik". Ich schwang meine Klingel, laut und lange und rief dann die kleine Kati aus, die sich begeistert zu mir auf die Bühne gestellt hatte.

Die Eltern kamen von irgendwo her angelaufen, ihre Gesichter waren noch angespannt und verschwitzt. Sie hatten gerade die Polizei informiert und um Hilfe gebeten. Jetzt liefen über ihre roten Wangen Freudentränen und das Publikum rund um die Musikmuschel klatschte Beifall.

Kati wurde noch einmal auf den Sattel gehoben und saß stolz auf des Klingelmanns blauem Fahrrad, diesmal gehalten von ihrer überglücklichen Mama. Das Rad wurde von dem erleichterten Vater geschoben. Ich ging nebenher, schwenkte meine Klingel und rief fröhlich die Entwarnung aus."

Knudt spürt, dass auch wir uns über die Rettung der kleinen Kati freuen. Knudt hat in all den Jahren als Klingelmann viel dieser besonderen Anekdoten in sein Klingelmann Tagebuch eingetragen. Nun hat er auf unseren Wunsch noch einmal in seinem Buch und in seinem Fotoalbum gekramt.

Weizenbier für den Klingelmann

Er zeigt uns einen Bierdeckel vom „Insel-Café" mit der Notiz „Weizenbier für den Klingelmann IIII".

Knudt lächelt in sich hinein und freut sich über seine Erinnerung an diese besondere Klingelaktion:

„An einem sonnigen Tag saß ich mit einigen Badegästen auf der berühmten Schipperbank und schaute hinüber zu den Warften der Hallig Langeness. Wir hielten einen gemütlichen Klönschnack.

Ein glückliches Paar gesellte sich zu uns und bat mich darum, ob ich bitte ihre Verlobung ausrufen könnte. Das tat ich gerne.

„Heute am 9. September 2015 geben Marianne aus Deggendorf aus Bayern und Erich aus Franken sich das Eheversprechen. Sie sind nunmehr verlobt." Das war ein großer Spaß, denn die Verlobten waren schon weit über sechzig.

Sie saßen lange in dem „Insel-Café" am Sandwall in der Spätsommersonne. Ich machte mehrere Runden durch die Wyker Straßen und kam immer wieder an ihnen vorbei. Jedes Mal klingelte ich laut und nachhaltig und gab ihr Glück bekannt und bekam ein Glas kühles, frisch gezapftes Weizenbier."

Die alte Klönbank war einst Treffpunkt der Wyker Schipper

Unser Treff mit dem Klingelmann findet heute vor der Klönbank unten am Sandwall in Höhe des Gezeitenbrunnens, geschaffen von dem Föhrer Steinmetzmeister Mohus Thießen, statt. Wir bleiben stehen, denn es ist noch zu früh im Jahr, und zu kalt, um auf der Klönbank Platz zu nehmen.

In den warmen Sommertagen sitzen hier gern die Feriengäste, schauen hinaus auf die Nordsee und den Fährschiffen zu. Die Fähren müssen vor der Einfahrt zum Hafen einen großen Bogen um die Sandbank fahren. Die Föhrer lassen sich an ihren freien Sommertagen, und die sind ja sehr rar in der Saison, mit ihren Segelbooten dort auf der Sandbank trocken fallen, um dem Trubel der Ferienzeit für ein paar Stunden zu entgehen. Einmal auf der Sandbank aufgesetzt, müssen sie dann bis zum auflaufenden Wasser warten.

Die ursprüngliche „Schifferbank" ist längst ausgetauscht. Doch hier auf dem wunderschön hergerichteten Platz, an der Stelle wo jetzt im Sommer die Feriengäste sich gern räkeln und vielleicht ein Eis schlecken, gab es früher eine unumstößliche Tradition. Sonntags, in der Zeit von 9 bis 11 Uhr nahmen hier die alten Föhrer Platz, steckten sich ihre Tabakpfeifen an, lehnten sich zurück, blinzelten in die Sonne, um einen gemütlichen Klönschnack zu halten, während die Frauen nach dem Kirchgang das Mittagessen zubereiteten.

Auf Föhr gibt es in vielen Haushalten genau wie in alten Zeiten immer noch um 12 Uhr Mittagessen. Da haben ihre Männer wieder zu Hause zu sein und das wollen sie auch. Einen alten Seemann kann man immer mit einem guten Essen locken.

Hier von der Klönbank aus, hat man einen herrlichen Blick. Bei Klarsicht kann man drüben vor dem Festland die Warft der Hallig Oland erkennen.

Knudt erzählt, dass seine Vorfahren ursprünglich von der Hallig Oland stammten. Sie waren nachweislich von 1701 bis 1914 Schiffer, Schiffszimmerer, Kaufleute und Lotsen.

Knudt geht mit uns den leeren, zugigen Sandwall hinunter und erzählt dabei, wie er sich als Klingelmann durch das bunte, fröhliche Treiben der Sommergäste schiebt, kräftig seine Klingel schwängt und Neuigkeiten der Stadt verkündet. Oft hält er dann an und schnackt mal mit dem und mit dem, mit Insulanern und Gästen, mit den Geschäftsleuten, die ihren Kopf zur Tür herausstrecken und ihm zulachen und darauf warten, dass der Klingelmann auch ihre Besonderheiten verkünden. Sie können nämlich einen Zettel am Morgen eines jeden Tages in den Briefkasten des Klingelmannes einwerfen und Wünsche äußern.

Knudt gibt uns eine Kostprobe seines Könnens und wir haben einen riesigen Spaß an seinen Erzählungen. Eine winterliche Stadt erweckt zum Leben.

„Heute frische Kesselkrabbenleberwurst von Kopp im Hof!" „Kaufen Sie ein beim Kaufmann Stammer, dem letzten Kaufmann vor Dagebüll!" „Empfehlenswert ein Abendessen im Restaurant Walfisch!" „Heute um 15 Uhr spielt die Band „Night and Day" in der Musikmuschel." „Auf dem Bauernmarkt unten vor dem Rathaus gibt es frische Erdbeeren, Eingemachtes und Gebackenes!" „Frisches Uthlande Fleisch und frische Eier von frei fliegenden Hühnern!" „Probieren Sie doch mal den leckeren Ziegenkäse vom Aussiedlerhof!"

Wir haben längst den kalten Wind vergessen, der von Osten durch die Stöpe weht und sind mitten drin in der Klingelsaison. Niemand kann so erzählen wie Knudt!

Pedro aus Salvador

Uns wird dann auch noch ganz warm ums Herz, als der Klingelmann uns von Pedro erzählt.

„Na, wen haben wir denn hier?", rufe ich einem kleinen braunen Knirps zu. Der kleine Pedro aus Salvador aus Brasilien streckt seine braune Hand aus und möchte auch einmal klingeln!" - „Komm her mein Jung, du darfst auch mal in meine Schatzkiste greifen und dir was aussuchen!" Der kleine Bengel holt sich einen Lutscher heraus und ein Bild vom Seenotrettungsschiff und ist sehr glücklich. Er kann sich nicht satt sehen an meiner Uniform mit den bunten Streifen und der weißen Mütze.

Viele Kinder laufen hinter mir her und stellen ihre Fragen oder möchten gern in mein rostiges Kästchen mit den Geishas greifen. Ich erzähle ihnen, dass dies meine Schatulle war für mein Kleingeld, das ich aus meinen Hosentaschen sammelte und so in meiner Koje aufbewahrte.

Die schwarze Kiste, dahinten auf meinem Fahrrad ist eine Holzkiste meines Großvaters. Hier bewahrte er sein Schusterwerkzeug auf. Vielleicht nahm er sie sogar mit auf sein Boot, wenn er zu seinen Kunden segelte.

Heute habe ich dort Prospekte und einen kleinen Spartopf, eine Spendendose für die Föhrer Seenotretter im Schusterkasten. Wenn immer sich die Gelegenheit bietet, dann klingle ich und bitte ich um eine Spende für die Seeleute in Not."

Unser Winterspaziergang ist hier auf dem leeren Rathausplatz zu Ende. Eben noch hat der Klingelmann Knudt uns durch seine lebhaften Erzählungen in den Sommer einer lebendigen Stadt versetzt. Knudt hat uns in den Wyker Sommer des Klingelmannes entführt und ließ uns die Kälte vergessen.

„Noch eine Frage, Klingelmann."

„Hast du den kleinen Pedro einmal wieder gesehen?" „Ja!", sagt er und ist ein wenig gerührt. „Er kommt in jedem Sommer wieder. Sein Papa sagt, meinetwegen. Eine Postkarte von Im

Im letzten Herbst habe ich von Pedro eine Postkarte bekommen, die wohl sein Papa geschrieben hat.

Na, vielleicht kann er ja vor seinem nächsten Urlaub schon selbst schreiben und mir seinen Inselaufenthalt ankündigen. Ich werden nach ihm Ausschau halten."

„Mann, oh Mann, wie die Zeit vergeht!"

Wir sind Knudt unglaublich dankbar für die vielen schönen Erinnerungen aus seiner Kindheit, für die vertraulichen Geschichten aus dem Miteinander in seiner Familie und den „Up and Downs", den Seemannsgeschichten, den Döntjes und den Rezepten, mit denen er seine Mannschaften verwöhnt hat und vor allem dem Werdegang und den Erlebnissen des Klingelmanns.

Im Winter klingelt er nicht, da erzählt er in der Hafenstraße 28 in der Traditionsgastwirtschaft „Glaube, Liebe, Hoffnung", wo einst Tante Hertha die Seeleute bediente, von der Seefahrt.

Er schnackt von „Dütt un Datt", vertellt von Bananendampfern, Hochseeschleppern, Kümos und Seemannsgarn.

Ist der Weihnachtsmann da drüben nicht der Klingelmann?

Im eisigen Wasser des Wyker Hafen liegt das 59 m lange und 12 m breite Frachtschiff, die „M/S Lore Prahm", das unter Deutscher Flagge fährt. Der Kapitän Christian Dietze läuft mit seiner Kümo, vom Heimathafen Leer, den Wyker Hafen immer wieder an. Er liefert Sand und Kies aus Dänemark oder Wilhelmshaven für eine Großbaustelle, aber auch Dünger aus Stettin für die Föhrer Landwirtschaft.

Es ist rauh zu dieser Zeit auf der Nordsee. Die Sonne geht früh unter und versteckt sich auch während des Tages gern hinter den grauen Wolken. Es ist kalt und dunkel. Wenn es hier Anfang Dezember dunkel wird, dann ist es finster. Gut, dass das Frachtschiff hier sicher im Hafen vertäut liegt.

Der Klingelmann hat im Winter seine Klingelmannuniform in den Schrank gehängt und gegen einen roten Mantel und einen Rauschebart eingetauscht.

Ein Foto vom „Klingel-Weihnachtsmann":

„Schau mal, da unten am Kai bei der „Lore Prahm"! Sieht der Weihnachtmann nicht aus wie unser Wyker Klingelmann?"

Der Weihnachtsmann, der Seemann Knudt, unser Wyker Klingelmann, klopft als Nikolaus an die Kajütentür und bringt der Mannschaft, die hauptsächlich aus philippinischen Besatzungsmitgliedern besteht, die jetzt in diesen kalten Adventstagen fern ab ihrer Heimat arbeiten müssen, ein paar Leckereien vorbei.

So etwas hat die Crew noch nie erlebt und auch der Kapitän bekommt was ab.

Knudt lacht, dass war eine Aktion, die richtig Spaß gemacht hat. „Was macht der Klingelmann im Winter? - Er spielt den Weihnachtsmann."

Knut, der Klingelmann ist auch Seemann. Einmal Seemann immer Seemann! Er weiß, was die Seeleute fühlen, fernab ihrer Heimat.

Dieses Buch widme ich dem kleinen Pedro,

meinem treuesten Zuhörer,

meinen Enkelkindern Josina und Julius,

die mein Leben bereichern und mich jung halten,

meiner lieben Frau Carola,

die schon seit vielen Jahrzehnten an meiner Seite ist,

meiner Tochter Antje und meinem Sohn Jan-Reinhold,

Frieda, die von Anfang an, an den Klingelmann geglaubt hat,

und allen meinen Freunden und Kollegen,

die mich bei meinen „Ups and Downs" unterstützt haben.

Ich habe meine Geschichten für alle erzählt,

die mir gern zuhören, die neugierig

auf das Leben eines Seemannes und

des „Wyker Klingelmannes" sind.

*

Ich bedanke mich bei Hanne und Ray,

die meine Geschichten wahrheitsgemäß

und liebevoll aufgeschrieben haben.

Euer Wyker Klingelmann

Knudt Kloborg

Danksagung

Wir danken unserem Mentor, dem Buchhändler Jürgen Huß,

den die Insulaner nach seinem „**bu**nten **bu**chladen",

liebevoll „bu bu" nennen,

für seine Unterstützung und für den Glauben,

dass es Menschen gibt,

die sich an den Lebensgeschichten

der Föhrer und ihren Erzählungen erfreuen,

die gern wissen wollen,

wie wir Inselbewohner hier hoch im Norden ticken.

*

Wir bedanken uns bei unseren Lektoren,

Heidrun und Reiner Wegmann,

die uns immer wieder helfen,

unsere Geschichten fehlerarm zu präsentieren.

*

Wir bedanken uns bei dem Wyker Klingelmann Knudt

für seine Geschichten, für die Fotos und für seine Notizen,

die er uns zur Verfügung gestellt hat,

in dem Vertrauen, dass wir sie in seinem Sinne präsentieren.

Hanne und Ray Eighteen

Hanne und Ray Eighteen präsentieren Geschichten von Föhrern. Sie klopfen an ihre Türen und bitten um ihre Inselerlebnisse, um Ihre Erinnerungen gegen das Vergessen und werden liebevoll aufgenommen.

Sie wollen sich mit ihren Geschichten dafür bedanken.

Vertellen is gegen dat Vergeten!

*

Wi hev opschreben,

wat Knudt und de Lüüd us vertellt.

Föhrer Inselgeschichten und Impressionen

föhrverliebt	Föhrer Impressionen
föhrerinnert	Föhrer Kurzgeschichten und Inselschätze
föhrvertellt	Föhrer erzählen aus ihrem Leben
	Inselgeschichten
föhrklingelt	Der Klingelmann
	Knudt erzählt aus seinem Leben

Bildrechte:

Die in diesem Buch abgebildeten Fotos sind aus dem Privatarchiv von Knudt Kloborg und wurden den Autoren für den Zweck der Veröffentlichung in diesem Band zur Verfügung gestellt. (Schriftliche Genehmigung liegt vor.)

Ausnahme: „Leuchtfeuer" (Seite 2) © Dennis Eighteen

www.epubli.com